Gusto Spagnolo
Le Ricette Autentiche di una Terra Ricca di Sapori

Martina Bianchi

Sommario

COD AJOARRIERO 25
    INGREDIENTI 25
    PROCESSI 25
    TRUCCO 25

COCCOLE AL VAPORE DI SHERRY 26
    INGREDIENTI 26
    PROCESSI 26
    TRUCCO 26

RANA INTERA PEBRE PESCA CON GAMBERI 27
    INGREDIENTI 27
    PROCESSI 28
    TRUCCO 28

PANE DI MARE ARROSTO 29
    INGREDIENTI 29
    PROCESSI 29
    TRUCCO 29

MARINERA KLAMMEN 30
    INGREDIENTI 30
    PROCESSI 30
    TRUCCO 31

COD CON PILLOLA 32
    INGREDIENTI 32
    PROCESSI 32
    TRUCCO 32

FUSTI DI POLLO CON WHISKY 33
   INGREDIENTI 33
   PROCESSI 33
   TRUCCO 34

Anatra arrosto 35
   INGREDIENTI 35
   PROCESSI 35
   TRUCCO 36

PETTO DI POLLO VILLAROY 37
   INGREDIENTI 37
   PROCESSI 37
   TRUCCO 38

PETTO DI POLLO CON SALSA ALLA SENAPE E LIMONE 39
   INGREDIENTI 39
   PROCESSI 39
   TRUCCO 40

GAUNETTE ARROSTO CON PRUBICHE E FUNGHI 41
   INGREDIENTI 41
   PROCESSI 41
   TRUCCO 42

PETTO DI POLLO VILLAROY RIPIENO DI PIQUILLOS CARAMELLATI ALL'ACETO MODERNO 43
   INGREDIENTI 43
   PROCESSI 43
   TRUCCO 44

PETTO DI POLLO FARCITO CON PANCETTA, FUNGHI E FORMAGGIO 45
    INGREDIENTI 45
    PROCESSI 45
    TRUCCO 46

POLLO AL VINO DOLCE CON PRUBICHE 47
    INGREDIENTI 47
    PROCESSI 47
    TRUCCO 48

PETTI DI POLLO ALL'ARANCIA CON ANACARDI 49
    INGREDIENTI 49
    PROCESSI 49
    TRUCCO 49

PARNICA SCHIERATA 50
    INGREDIENTI 50
    PROCESSI 50
    TRUCCO 50

POLLO CACCIATORE 51
    INGREDIENTI 51
    PROCESSI 51
    TRUCCO 52

ALI DI POLLO STILE COCA COLA 53
    INGREDIENTI 53
    PROCESSI 53
    TRUCCO 53

POLLO ALL'AGLIO 54

INGREDIENTI 54
PROCESSI 54
TRUCCO 55
POLLO KILINDRON 56
INGREDIENTI 56
PROCESSI 56
TRUCCO 57
QUAGLIE MARINATE E FRUTTI ROSSI 58
INGREDIENTI 58
PROCESSI 58
TRUCCO 59
POLLO AL LIMONE 60
INGREDIENTI 60
PROCESSI 60
TRUCCO 61
POLLO SAN JACOBO CON PROSCIUTTO SERRANO, TORTA DEL CASAR E RUCOLA 62
INGREDIENTI 62
PROCESSI 62
TRUCCO 62
POLLO AL CURRY AL FORNO 63
INGREDIENTI 63
PROCESSI 63
TRUCCO 63
POLLO AL VINO ROSSO 64
INGREDIENTI 64

PROCESSI	64
TRUCCO	65
POLLO FRITTO CON BIRRA NERA	**66**
INGREDIENTI	66
PROCESSI	66
TRUCCO	67
PERNICE AL CIOCCOLATO	**68**
INGREDIENTI	68
PROCESSI	68
TRUCCO	69
TACCHINO ARROSTO CON SALSA AI FRUTTI ROSSI	**70**
INGREDIENTI	70
PROCESSI	70
TRUCCO	71
POLLO ARROSTO CON SALSA DI PESCHE	**72**
INGREDIENTI	72
PROCESSI	72
TRUCCO	73
FILETTO DI POLLO FARCITO CON SPINACI E MOZZARELLA	**74**
INGREDIENTI	74
PROCESSI	74
TRUCCO	74
POLLO FRITTO AL CAVA	**75**
INGREDIENTI	75
PROCESSI	75
TRUCCO	75

SPIEDINI DI POLLO CON SALSA DI ARACHIDI 76
- INGREDIENTI 76
- PROCESSI 76
- TRUCCO 77

POLLO IN PEPITORIA 78
- INGREDIENTI 78
- PROCESSI 78
- TRUCCO 79

POLLO ALL'ARANCIA 80
- INGREDIENTI 80
- PROCESSI 80
- TRUCCO 81

POLLO IN STUFATO CON PORCINI 82
- INGREDIENTI 82
- PROCESSI 82
- TRUCCO 83

POLLO SALTATO CON NOCI E SOIA 84
- INGREDIENTI 84
- PROCESSI 84
- TRUCCO 85

POLLO AL CIOCCOLATO CON ALMEDRAS ARROSTO 86
- INGREDIENTI 86
- PROCESSI 86
- TRUCCO 87

SPIEDINI DI AGNELLO CON PAPRIKA E VINAIGRETTE ALLA SENAPE 88

INGREDIENTI 88

PROCESSI 88

TRUCCO 89

PINNA DI VITELLO PIENA DI PORTO 90

INGREDIENTI 90

PROCESSI 90

TRUCCO 91

POLPETTE DELLA MADRILEÑA 92

INGREDIENTI 92

PROCESSI 93

TRUCCO 93

GUANCE DI MANZO AL CIOCCOLATO 94

INGREDIENTI 94

PROCESSI 94

TRUCCO 95

TORTIETTO DI MAIALE CONFIRATO CON SALSA AL VINO DOLCE 96

INGREDIENTI 96

PROCESSI 96

TRUCCO 97

MARCHIO CONIGLIO 98

INGREDIENTI 98

PROCESSI 98

TRUCCO 99

POLPETTE IN SALSA DI NOCCIOLE PEPITORIA 100

INGREDIENTI 100

- PROCESSI 101
- TRUCCO 101
- SCALOPINE DI VITELLO ALLA BIRRA NERA 102
  - INGREDIENTI 102
  - PROCESSI 102
  - TRUCCO 103
- VIAGGIO A MADRILEÑA 104
  - INGREDIENTI 104
  - PROCESSI 104
  - TRUCCO 105
- LONZA DI MAIALE ARROSTO CON MELE E MENTA 106
  - INGREDIENTI 106
  - PROCESSI 106
  - TRUCCO 107
- POLPETTE DI POLLO CON SALSA AI LAMPONI 108
  - INGREDIENTI 108
  - PROCESSI 109
  - TRUCCO 109
- STUFATO D'AGNELLO 110
  - INGREDIENTI 110
  - PROCESSI 110
  - TRUCCO 111
- CIVETO DI LEPRE 112
  - INGREDIENTI 112
  - PROCESSI 112
  - TRUCCO 113

CONIGLIO CON PIPERRADA 114
    INGREDIENTI 114
    PROCESSI 114
    TRUCCO 114

POLPETTE DI POLLO RIPIENE AL FORMAGGIO CON SALSA AL CURRY 115
    INGREDIENTI 115
    PROCESSI 116
    TRUCCO 116

PUNTI DI MAIALE AL VINO ROSSO 117
    INGREDIENTI 117
    PROCESSI 117
    TRUCCO 118

SETA DI MAIALE DI NAVARRA 119
    INGREDIENTI 119
    PROCESSI 119
    TRUCCO 119

STOP DI MANZO CON SALSA DI ARACHIDI 120
    INGREDIENTI 120
    PROCESSI 120
    TRUCCO 121

MAIALE ARROSTO 122
    INGREDIENTI 122
    PROCESSI 122
    TRUCCO 122

MENTO ARROSTO CON CAVOLO 123

- INGREDIENTI 123
- PROCESSI 123
- TRUCCO 123
- CONIGLIO CACCIATORE 124
  - INGREDIENTI 124
  - PROCESSI 124
  - TRUCCO 125
- BOTTONE DI MANZO ALLA MADRILEÑA 126
  - INGREDIENTI 126
  - PROCESSI 126
  - TRUCCO 126
- CONIGLIO IN STUFATO CON FUNGHI 127
  - INGREDIENTI 127
  - PROCESSI 127
  - TRUCCO 128
- COSTINE DI MAIALE IBERICO AL VINO BIANCO E MIELE 129
  - INGREDIENTI 129
  - PROCESSI 129
  - TRUCCO 130
- PERE DI CIOCCOLATO AL PEPE 131
  - INGREDIENTI 131
  - PROCESSI 131
  - TRUCCO 131
- TORTA AI TRE CIOCCOLATI CON IL BISCOTTO 132
  - INGREDIENTI 132
  - PROCESSI 132

- TRUCCO 133
- MERINGA SVIZZERA 134
  - INGREDIENTI 134
  - PROCESSI 134
  - TRUCCO 134
- COPERTURE DI NOCCIOLE CON BANANE 135
  - INGREDIENTI 135
  - PROCESSI 135
  - TRUCCO 136
- TORTA AL LIMONE CON BASE AL CIOCCOLATO 137
  - INGREDIENTI 137
  - PROCESSI 137
  - TRUCCO 138
- TIRAMISÙ 139
  - INGREDIENTI 139
  - PROCESSI 139
  - TRUCCO 140
- INTXAURSALSA (CREMA DI NOCI) 141
  - INGREDIENTI 141
  - PROCESSI 141
  - TRUCCO 141
- SNACK AL LATTE 142
  - INGREDIENTI 142
  - PROCESSI 142
  - TRUCCO 142
- LE LINGUE DEL GATTO 143

INGREDIENTI 143

PROCESSI 143

TRUCCO 143

cupcake all'arancia 144

INGREDIENTI 144

PROCESSI 144

TRUCCO 144

PORTAPOLI ARROSTO 145

INGREDIENTI 145

PROCESSI 145

TRUCCO 145

MERINGA COTTO 146

INGREDIENTI 146

PROCESSI 146

TRUCCO 146

CREMA PASTICCIERA 147

INGREDIENTI 147

PROCESSI 147

TRUCCO 147

PANNA COTTA CON CARAMELLE VIOLA 148

INGREDIENTI 148

PROCESSI 148

TRUCCO 148

BISCOTTI AGLI AGRUMI 149

INGREDIENTI 149

PROCESSI 149

TRUCCO	150
PASTA DI MANGO	151
INGREDIENTI	151
PROCESSI	151
TRUCCO	151
TORTA ALLO YOGURT	152
INGREDIENTI	152
PROCESSI	152
TRUCCO	152
COMPOSTA DI BANANA AL ROSMARINO	153
INGREDIENTI	153
PROCESSI	153
TRUCCO	153
CREMA BRULÈ	154
INGREDIENTI	154
PROCESSI	154
TRUCCO	154
BRACCIO SVIZZERO RIPIENE DI CREMA	155
INGREDIENTI	155
PROCESSI	155
TRUCCO	155
UOVO PIATTO	156
INGREDIENTI	156
PROCESSI	156
TRUCCO	156
GELATINA DI CAVA CON FRAGOLE	157

INGREDIENTI	157
PROCESSI	157
TRUCCO	157

PANCAKES 158
INGREDIENTI	158
PROCESSI	158
TRUCCO	158

SAN GENNAIO COCA 159
| INGREDIENTI | 159 |
| PROCESSI | 159 |

RAGÙ ALLA BOLOGNESE 160
INGREDIENTI	160
PROCESSI	160
TRUCCO	161

BRODO BIANCO (POLLO O MANZO) 162
INGREDIENTI	162
PROCESSI	162
TRUCCO	163

POMODORO CONCASSÉ 164
INGREDIENTI	164
PROCESSI	164
TRUCCO	164

SALSA DI ROBERTO 166
INGREDIENTI	166
PROCESSI	166
TRUCCO	166

SALSA ROSA 167
    INGREDIENTI 167
    PROCESSI 167
    TRUCCO 167
ZUPPA DI PESCE 168
    INGREDIENTI 168
    PROCESSI 168
    TRUCCO 168
SALSA TEDESCA 169
    INGREDIENTI 169
    PROCESSI 169
    TRUCCO 169
SALSA CORAGGIOSA 170
    INGREDIENTI 170
    PROCESSI 170
    TRUCCO 171
BRODO PURO (POLLO O MANZO) 172
    INGREDIENTI 172
    PROCESSI 172
    TRUCCO 173
MOJO PICÓN 174
    INGREDIENTI 174
    PROCESSI 174
    TRUCCO 174
PESTO ALLA GENOVESE 175
    INGREDIENTI 175

- PROCESSI 175
- TRUCCO 175
- SALSA AGRODOLCE 176
  - INGREDIENTI 176
  - PROCESSI 176
  - TRUCCO 176
- MOJITO VERDE 177
  - INGREDIENTI 177
  - PROCESSI 177
  - TRUCCO 177
- SALSA AL SAMELO AI FRUTTI DI BACCHE 178
  - INGREDIENTI 178
  - PROCESSI 178
  - TRUCCO 178
- SALSA DEL CACCIATORE 179
  - INGREDIENTI 179
  - PROCESSI 179
  - TRUCCO 179
- SALSA AIOLI 180
  - INGREDIENTI 180
  - PROCESSI 180
  - TRUCCO 180
- SALSA AMERICANA 181
  - INGREDIENTI 181
  - PROCESSI 181
  - TRUCCO 182

- AURORA "SALSA". 183
  - INGREDIENTI 183
  - PROCESSI 183
  - TRUCCO 183
- SALSA BARBECUE 184
  - INGREDIENTI 184
  - PROCESSI 184
  - TRUCCO 185
- SALSA BERNERA 186
  - INGREDIENTI 186
  - PROCESSI 186
  - TRUCCO 186
- SALSA ALLA CARBONARA 188
  - INGREDIENTI 188
  - PROCESSI 188
  - TRUCCO 188
- SALSA DELIZIOSA 189
  - INGREDIENTI 189
  - PROCESSI 189
  - TRUCCO 189
- SALSA CUMBERLAND 190
  - INGREDIENTI 190
  - PROCESSI 190
  - TRUCCO 191
- SALSA CURRY 192
  - INGREDIENTI 192

- PROCESSI 192
- TRUCCO 193
- SALSA ALL'AGLIO 194
  - INGREDIENTI 194
  - PROCESSI 194
  - TRUCCO 194
- SALSA DI MORE 195
  - INGREDIENTI 195
  - PROCESSI 195
  - TRUCCO 195
- SALSA DI SIDRO 196
  - INGREDIENTI 196
  - PROCESSI 196
  - TRUCCO 196
- KETCHUP 197
  - INGREDIENTI 197
  - PROCESSI 197
  - TRUCCO 198
- SALSA AL VINO PEDRO XIMENEZ 199
  - INGREDIENTI 199
  - PROCESSI 199
  - TRUCCO 199
- SALSA DI CREMA 200
  - INGREDIENTI 200
  - PROCESSI 200
  - TRUCCO 200

SALSA MAIONESE	201
INGREDIENTI	201
PROCESSI	201
TRUCCO	201
SALSA YOGURT E ANETO	202
INGREDIENTI	202
PROCESSI	202
TRUCCO	202
SALSA DEL DIAVOLO	203
INGREDIENTI	203
PROCESSI	203
TRUCCO	203
SALSA SPAGNOLA	204
INGREDIENTI	204
PROCESSI	204
TRUCCO	204
SALSA OLANDESE	205
INGREDIENTI	205
PROCESSI	205
TRUCCO	205
CONDIZIONE ITALIANA	206
INGREDIENTI	206
PROCESSI	206
TRUCCO	207
SALSA MOUSSELINE	208
INGREDIENTI	208

- PROCESSI 208
- TRUCCO 208

SALSA REMOULADE 209
- INGREDIENTI 209
- PROCESSI 209
- TRUCCO 209

SALSA BIZCAINA 210
- INGREDIENTI 210
- PROCESSI 210
- TRUCCO 210

SALSA D'INCHIOSTRO 211
- INGREDIENTI 211
- PROCESSI 211
- TRUCCO 211

SALSA DEL MATTINO 212
- INGREDIENTI 212
- PROCESSI 212
- TRUCCO 212

SALSA ROMESCA 213
- INGREDIENTI 213
- PROCESSI 213
- TRUCCO 214

SALSA SOUBISE 215
- INGREDIENTI 215
- PROCESSI 215
- TRUCCO 215

- SALSA TARTARA 216
  - INGREDIENTI 216
  - PROCESSI 216
  - TRUCCO 216
- SALSA AL CARAMELLATO 217
  - INGREDIENTI 217
  - PROCESSI 217
  - TRUCCO 217
- POTTAGE 218
  - INGREDIENTI 218
  - PROCESSI 218
  - TRUCCO 218

COD AJOARRIERO

INGREDIENTI

400 g di scaglie di merluzzo dissalato

2 cucchiai di peperoncino chorizo idratato

2 cucchiai di salsa di pomodoro

1 peperone verde

1 peperone rosso

1 spicchio d'aglio

1 cipolla

1 peperoncino

Olio d'oliva

salato

PROCESSI

Tagliare le verdure alla Juliana e friggerle a fuoco medio fino a renderle molto morbide. Con il sale.

Aggiungere i cucchiai di chorizo , salsa di pomodoro e peperoncino. Aggiungete il baccalà sbriciolato e fate rosolare per 2 minuti.

TRUCCO

È il ripieno perfetto per preparare una deliziosa empanada.

COCCOLE AL VAPORE DI SHERRY

INGREDIENTI

750 g di cozze

600 ml di vino Jerez

1 foglia di alloro

1 spicchio d'aglio

1 limone

2 cucchiai di olio d'oliva

salato

PROCESSI

Togliere le cozze.

Mettete 2 cucchiai di olio in una padella calda e fate soffriggere leggermente l'aglio tritato finemente.

Aggiungere subito le vongole, il vino, l'alloro, il limone e il sale. Coprire e cuocere finché non si aprono.

Servire le cozze con la loro salsa.

TRUCCO

La spurgatura consiste nell'immergere i bivalvi in acqua fredda e abbondantemente salata per eliminare eventuali sabbie e impurità.

RANA INTERA PEBRE PESCA CON GAMBERI

INGREDIENTI

Per il brodo di pesce

15 teste e corpi di gamberetti

1 testa o 2 spine della coda di rana pescatrice o coregone

Ketchup

1 cipollotto

1 porro

salato

Per lo spezzatino

1 coda di rana pescatrice grande (o 2 piccole)

Corpi di gamberetti

1 cucchiaio di paprika dolce

8 spicchi d'aglio

4 patate grandi

3 fette di pane

1 pepe di cayenna

mandorle pelate

Olio d'oliva

Sale e pepe

PROCESSI

Per il brodo di pesce

Preparare un brodo di pesce facendo rosolare i corpi dei gamberi e la salsa di pomodoro. Aggiungere le lische o la testa di rana pescatrice e le verdure tagliate a julienne. Coprire con acqua e far bollire per 20 minuti, filtrare e aggiungere sale.

Per lo spezzatino

Fate soffriggere l'aglio intero in una padella. Ritiro e prenotazione. Friggere le mandorle nello stesso olio. Ritiro e prenotazione.

Friggere il pane fino a doratura nello stesso olio. Ritirarsi.

Pestate in un mortaio l'aglio, una manciata di mandorle intere non pelate, le fette di pane e il pepe di cayenna.

Fate soffriggere i peperoni nell'olio utilizzato per rosolare l'aglio, facendo attenzione a non bruciarli, e aggiungeteli al brodo.

Aggiungere le patate cachelada e cuocere finché saranno tenere. Aggiungete la rana pescatrice pepata e fatela rosolare per 3 minuti. Aggiungere il majado e i gamberetti e cuocere per altri 2 minuti finché la salsa non si sarà addensata. Aggiustare di sale e servire caldo.

TRUCCO

Utilizzare solo il brodo sufficiente a coprire le patate. Il pesce più utilizzato per questa ricetta è l'anguilla, ma può essere preparata con qualsiasi pesce carnoso come lo spinarolo o il grongo.

PANE DI MARE ARROSTO

INGREDIENTI

1 orata pulita, eviscerata e squamata

25 g di pangrattato

2 spicchi d'aglio

1 peperoncino

Aceto

Olio d'oliva

salato

PROCESSI

Salare e oliare l'orata dentro e fuori. Spolverate di pangrattato e infornate per 25 minuti a 180°C.

Nel frattempo fate soffriggere a fuoco medio l'aglio affettato e il peperoncino. Togliete un goccio di aceto dal fuoco e condite l'orata con questa salsa.

TRUCCO

La cesellatura consiste nel praticare delle incisioni su tutta la larghezza del pesce in modo che cuocia più velocemente.

MARINERA KLAMMEN

INGREDIENTI

1 kg di cozze

1 bicchiere piccolo di vino bianco

1 cucchiaio di farina

2 spicchi d'aglio

1 pomodoro piccolo

1 cipolla

½ peperoncino

Colorante alimentare o zafferano (facoltativo)

Olio d'oliva

salato

PROCESSI

Immergere le vongole in acqua fredda con abbondante sale per qualche ora per eliminare eventuali residui di terra.

Dopo averle pulite, lessare le vongole nel vino e ¼ l di acqua fino a cottura ultimata. Una volta aperti, rimuovere e conservare il liquido.

Tagliate la cipolla, l'aglio e il pomodoro a pezzetti e fateli soffriggere in un filo d'olio. Aggiungere il peperoncino e cuocere fino a cottura completa.

Aggiungete il cucchiaio di farina e fate soffriggere per altri 2 minuti. Bagnare con il liquido di cottura delle vongole. Cuocere per 10 minuti e aggiustare di sale. Aggiungete le cozze e fatele rosolare per un altro minuto. Ora aggiungi il colorante alimentare o lo zafferano.

TRUCCO

Il vino bianco può essere sostituito con il dolce. La salsa è molto buona.

COD CON PILLOLA

INGREDIENTI

4 o 5 filetti di merluzzo dissalati

4 spicchi d'aglio

1 peperoncino

½ litro di olio d'oliva

PROCESSI

Soffriggere l'aglio e il peperoncino nell'olio d'oliva a fuoco basso. Scolateli e fate raffreddare leggermente l'olio.

Aggiungere i filetti di merluzzo, con la pelle rivolta verso l'alto, e friggerli per 1 minuto a fuoco basso. Giratela e lasciatela riposare per altri 3 minuti, l'importante è che sia cotta nell'olio e non fritta.

Togliere il merluzzo, scolare gradualmente l'olio fino a quando rimarrà solo la sostanza bianca (gelatina) che il baccalà ha rilasciato.

Togliere dal fuoco e frullare utilizzando un setaccio con una frusta o con movimenti circolari, aggiungendo poco a poco l'olio decantato. Sbattere la pillola per 10 minuti mescolando continuamente.

Al termine rimettere il baccalà e mescolare per un altro minuto.

TRUCCO

Per dargli un tocco diverso mettete in infusione un osso di prosciutto o qualche erba aromatica nell'olio in cui cuocerà il baccalà.

FUSTI DI POLLO CON WHISKY

INGREDIENTI

12 cosce di pollo

200 ml di crema

whisky da 150 ml

100 ml di brodo di pollo

3 tuorli d'uovo

1 cipollotto

Farina

Olio d'oliva

Sale e pepe

PROCESSI

Condire, infarinare e rosolare le cosce di pollo. Ritiro e prenotazione.

Nello stesso olio fate soffriggere il cipollotto tritato finemente per 5 minuti. Aggiungere il whisky e flambare (è necessario togliere il tappo). Aggiungere la panna e il brodo. Aggiungere il pollo e cuocere per 20 minuti a fuoco basso.

Spegnere il fuoco, aggiungere i tuorli e mescolare bene in modo che la salsa si addensi leggermente. Condire con sale e pepe se necessario.

TRUCCO

Il whisky può essere sostituito dalla bevanda alcolica che ci piace di più.

Anatra arrosto

INGREDIENTI

1 anatra pulita

1 litro di brodo di pollo

4 dl di salsa di soia

3 cucchiai di miele

2 spicchi d'aglio

1 cipolla piccola

1 pepe di cayenna

zenzero fresco

Olio d'oliva

Sale e pepe

PROCESSI

In una ciotola, mescolare il brodo di pollo, i fagioli di soia, l'aglio grattugiato, il peperoncino e la cipolla tritati finemente, il miele, un pezzetto di zenzero grattugiato e il pepe. Marinare l'anatra in questa miscela per 1 ora.

Toglieteli dall'acqua di ammollo e disponeteli su una teglia con metà del liquido di ammollo. Grigliare per 10 minuti per lato a 200ºC. Bagnare costantemente con un pennello.

Abbassate il forno a 180°C e fate cuocere per altri 18 minuti per lato (continuando a dipingere con un pennello ogni 5 minuti).

Togliere l'anatra e metterla da parte e far ridurre della metà la salsa in una padella a fuoco medio.

TRUCCO

Cuocere gli uccelli prima con il petto rivolto verso il basso, questo li renderà meno asciutti e più succosi.

PETTO DI POLLO VILLAROY

INGREDIENTI

Filetti di pollo da 1 kg

2 carote

2 gambi di sedano

1 cipolla

1 porro

1 rapa

Farina, uova e pangrattato (per la panatura)

per il besamello

1 litro di latte

100 g di burro

100 g di farina

Noce moscata

Sale e pepe

PROCESSI

Lessare tutte le verdure pulite in 2 l di acqua (fredda) per 45 minuti.

Nel frattempo preparate la besciamella facendo rosolare la farina nel burro a fuoco medio per 5 minuti. Aggiungere poi il latte e mescolare. Aggiustare di sale e aggiungere la noce moscata. Cuocere per 10 minuti a fuoco basso senza smettere di sbattere.

Filtrare il brodo e cuocere i petti (interi o sfilettati) per 15 minuti, scolarli e lasciarli raffreddare. Condire bene i petti con la besciamella e riporli in frigorifero. Una volta freddo, passatelo nella farina, poi nell'uovo e infine nel pangrattato. Friggere in abbondante olio e servire ben caldo.

TRUCCO

Potete sfruttare il brodo e la purea di verdure per realizzare una squisita crema.

PETTO DI POLLO CON SALSA ALLA SENAPE E LIMONE

INGREDIENTI

4 filetti di pollo

250 ml di panna montata

3 cucchiai di grappa

3 cucchiai di senape

1 cucchiaio di farina

2 spicchi d'aglio

1 limone

½ cipollotto

Olio d'oliva

Sale e pepe

PROCESSI

Condire e friggere i petti, tagliati a pezzi regolari, fino a doratura con un filo d'olio. Prenotare.

Nello stesso olio fate soffriggere l'erba cipollina e l'aglio tritato finemente. Aggiungere la farina e cuocere per 1 minuto, aggiungere il brandy finché non sarà evaporato e versare la panna, 3 cucchiai di succo di limone e la scorza, la senape e il sale. Far bollire la salsa per 5 minuti.

Aggiungete il pollo e fate cuocere a fuoco basso per altri 5 minuti.

TRUCCO

Scorza il limone prima di estrarne il succo. Per risparmiare potete usare anche il pollo tritato al posto del petto.

GAUNETTE ARROSTO CON PRUBICHE E FUNGHI

INGREDIENTI

1 faraona

250 g di funghi

Porto da 200 ml

¼ di litro di brodo di pollo

15 prugne snocciolate

1 spicchio d'aglio

1 cucchiaino di farina

Olio d'oliva

Sale e pepe

PROCESSI

Salare e pepare e arrostire la faraona insieme alle prugne per 40 minuti a 175 ºC. A metà cottura capovolgetela. Quando il tempo è scaduto, rimuovere e conservare i succhi.

Fate soffriggere in una padella 2 cucchiai di olio e la farina per 1 minuto. Aggiungere il vino e ridurre della metà. Versare sopra il sugo d'arrosto e il brodo. Cuocere per 5 minuti senza smettere di mescolare.

A parte fate soffriggere i funghi con un po' di aglio tritato, aggiungeteli al sugo e portate a bollore. Servire la faraona con la salsa.

TRUCCO

Per le occasioni speciali potete farcire la faraona con mele, foie, carne macinata, noci.

 AVES

PETTO DI POLLO VILLAROY RIPIENO DI PIQUILLOS CARAMELLATI ALL'ACETO MODERNO

INGREDIENTI

4 filetti di petto di pollo

100 g di burro

100 g di farina

1 litro di latte

1 lattina di peperoni piquillo

1 bicchiere di aceto di Modena

½ bicchiere di zucchero

Noce moscata

Uovo e pangrattato (per ricoprire)

Olio d'oliva

Sale e pepe

PROCESSI

Friggere il burro e la farina per 10 minuti a fuoco basso. Versare poi il latte e cuocere per 20 minuti, mescolando continuamente. Condire a piacere e aggiungere la noce moscata. Lasciate raffreddare.

Nel frattempo caramellare i peperoni con l'aceto e lo zucchero finché l'aceto non comincia ad addensarsi.

Condire i filetti con sale e pepe e riempirli con il peperoncino piquillo. Avvolgere i petti nella pellicola trasparente come se fossero caramelle molto sode, chiudere e far bollire in acqua per 15 minuti.

Una volta cotte, conditele dappertutto con la besciamella e passatele nell'uovo sbattuto e nel pangrattato. Friggere in abbondante olio.

TRUCCO

Se aggiungete qualche cucchiaio di curry mentre cuocete la farina per la besciamella, il risultato sarà diverso e molto ricco.

PETTO DI POLLO FARCITO CON PANCETTA, FUNGHI E FORMAGGIO

INGREDIENTI

4 filetti di petto di pollo

100 grammi di funghi

4 fette di pancetta affumicata

2 cucchiai di senape

6 cucchiai di panna

1 cipolla

1 spicchio d'aglio

formaggio a fette

Olio d'oliva

Sale e pepe

PROCESSI

Condire i filetti di pollo. Pulite i funghi e tagliateli in quarti.

Rosolare la pancetta e soffriggere a fuoco vivo i funghi tritati con l'aglio.

Riempite i filetti con pancetta, formaggio e funghi e sigillateli perfettamente con la pellicola trasparente come se fossero dei dolci. Far bollire per 10 minuti in acqua bollente. Togliere la pellicola e sfilettare.

D'altra parte, fate imbiondire la cipolla tritata, aggiungete la panna e la senape, fate cuocere per 2 minuti e mescolate. Friggere il pollo

TRUCCO

La pellicola trasparente resiste alle alte temperature e non aggiunge sapore al cibo.

POLLO AL VINO DOLCE CON PRUBICHE

INGREDIENTI

1 pollo grande

100 g di prugne snocciolate

½ litro di brodo di pollo

½ bottiglia di vino dolce

1 cipollotto

2 carote

1 spicchio d'aglio

1 cucchiaio di farina

Olio d'oliva

Sale e pepe

PROCESSI

Condire e rosolare il pollo tagliato a pezzetti in una padella molto calda con l'olio. Ritiro e prenotazione.

Nello stesso olio fate soffriggere il cipollotto, l'aglio e le carote tritati finemente. Quando le verdure saranno ben cotte, aggiungete la farina e fate soffriggere per un altro minuto.

Versare il vino dolce e alzare la fiamma finché non sarà evaporato quasi completamente. Aggiungere il brodo e aggiungere nuovamente il pollo e le prugne secche.

Cuocere per circa 15 minuti o fino a quando il pollo sarà cotto. Togliere il pollo e mescolare la salsa. Mettilo sul punto di sale.

TRUCCO

Se aggiungete un po' di burro freddo al sugo di carne macinata e lo sbattete con una frusta, otterrete più consistenza e lucentezza.

PETTI DI POLLO ALL'ARANCIA CON ANACARDI

INGREDIENTI

4 filetti di pollo

75 g di anacardi

2 bicchieri di succo d'arancia naturale

4 cucchiai di miele

2 cucchiai di Cointreau

Farina

Olio d'oliva

Sale e pepe

PROCESSI

Condire e infarinare i petti. Friggetele in abbondante olio, toglietele e mettetele da parte.

Far bollire il succo d'arancia con il Cointreau e il miele per 5 minuti. Aggiungete i petti al sugo e fate cuocere a fuoco basso per 8 minuti.

Servire con la salsa e gli anacardi sopra.

TRUCCO

Un altro modo per preparare una buona salsa all'arancia è quello di iniziare con caramelle non molto scure con aggiunta di succo d'arancia naturale.

PARNICA SCHIERATA

INGREDIENTI

4 pernici

300 grammi di cipolle

200 g di carote

2 bicchieri di vino bianco

1 testa d'aglio

1 foglia di alloro

1 bicchiere di aceto

1 bicchiere di olio

Sale e 10 grani di pepe

PROCESSI

Condire e friggere le pernici a fuoco vivace. Ritiro e prenotazione.

Nello stesso olio friggere le carote e le cipolle tagliate a julienne. Quando le verdure saranno morbide aggiungere il vino, l'aceto, il pepe in grani, il sale, l'aglio e l'alloro. Frutta 10 minuti.

Rimettere la pernice e cuocere a fuoco basso per altri 10 minuti.

TRUCCO

Per dare più sapore alla carne o al pesce in salamoia, è meglio lasciarli riposare per almeno 24 ore.

POLLO CACCIATORE

INGREDIENTI

1 pollo tritato

50 g di funghi a fette

½ litro di brodo di pollo

1 bicchiere di vino bianco

4 pomodori grattugiati

2 carote

2 spicchi d'aglio

1 porro

½ cipolla

1 mazzetto di erbe aromatiche (timo, rosmarino, alloro...)

Olio d'oliva

Sale e pepe

PROCESSI

Condire e rosolare il pollo in una padella ben calda con un filo d'olio. Ritiro e prenotazione.

Nello stesso olio fate soffriggere le carote affettate, l'aglio, il porro e la cipolla. Aggiungere poi il pomodoro grattugiato. Friggere finché il pomodoro non perde l'acqua. Rimetti a posto il pollo.

Rosolare i funghi separatamente ed aggiungerli allo spezzatino. Bagnare con il bicchiere di vino e lasciare ridurre.

Bagnare con il brodo e aggiungere le erbe aromatiche. Cuocere fino a quando il pollo sarà pronto. Condire con sale.

TRUCCO

Questo piatto può essere preparato anche con il tacchino e perfino con il coniglio.

ALI DI POLLO STILE COCA COLA

INGREDIENTI

1 kg di ali di pollo

½ litro di Coca Cola

4 cucchiai di zucchero di canna

2 cucchiai di salsa di soia

1 cucchiaino di origano

½ limone

Sale e pepe

PROCESSI

Versate in una padella la Coca-Cola, lo zucchero, la soia, l'origano e il succo di ½ limone e fate cuocere per 2 minuti.

Tagliare le ali a metà e condirle. Cuocerli a 160 ºC finché non avranno preso colore. A questo punto aggiungete metà della salsa e girate le ali. Girateli ogni 20 minuti.

Quando la salsa si sarà quasi ridotta, aggiungete l'altra metà e continuate a cuocere fino a quando la salsa sarà densa.

TRUCCO

L'aggiunta di un rametto di vaniglia durante la preparazione della salsa ne esalta il sapore e le conferisce un tocco caratteristico.

POLLO ALL'AGLIO

INGREDIENTI

1 pollo tritato

8 spicchi d'aglio

1 bicchiere di vino bianco

1 cucchiaio di farina

1 pepe di cayenna

Aceto

Olio d'oliva

Sale e pepe

PROCESSI

Condire il pollo e friggerlo finché non sarà ben dorato. Prenotare e lasciare che l'olio si tempera.

Tagliare gli spicchi d'aglio a cubetti e condire (bollire nell'olio, non friggere) l'aglio e il pepe di cayenna senza farli imbiondire.

Bagnare con il vino e lasciare sfumare finché non avrà una certa densità, ma non sarà asciutta.

Poi aggiungete il pollo e aggiungete poco a poco il cucchiaino di farina. Mescolare (controllare se l'aglio si attacca al pollo; in caso contrario aggiungere un po' più di farina finché non si attacca un po').

Coprire e mescolare di tanto in tanto. Cuocere per 20 minuti a fuoco basso. Terminate con un goccio di aceto e lasciate cuocere per un altro minuto.

TRUCCO

Il pollo saltato in padella è essenziale. Dovrebbe essere posizionato molto in alto in modo che rimanga dorato all'esterno e succoso all'interno.

POLLO KILINDRON

INGREDIENTI

1 piccolo pollo tritato

350 g di prosciutto serrano a fette

1 lattina di polpa di pomodoro da 800 g

1 peperone rosso grande

1 peperone verde grande

1 cipolla grande

2 spicchi d'aglio

timo

1 bicchiere di vino bianco o rosso

Zucchero

Olio d'oliva

Sale e pepe

PROCESSI

Condire il pollo e friggerlo a fuoco vivace. Ritiro e prenotazione.

Nello stesso olio soffriggere il peperone, l'aglio e la cipolla tagliati a pezzi medi. Quando le verdure saranno ben dorate, aggiungere il prosciutto e far rosolare per altri 10 minuti.

Rimettete il pollo e versateci sopra il vino. Far bollire per 5 minuti a fuoco vivace e aggiungere il pomodoro e il timo. Abbassare la fiamma e cuocere per altri 30 minuti Rettifica di sale e zucchero.

TRUCCO

La stessa ricetta può essere realizzata con le polpette. Non c'è più niente nel piatto!

QUAGLIE MARINATE E FRUTTI ROSSI

INGREDIENTI

4 quaglie

150 g di frutti rossi

1 bicchiere di aceto

2 bicchieri di vino bianco

1 carota

1 porro

1 spicchio d'aglio

1 foglia di alloro

Farina

1 bicchiere di olio

Sale e pepe in grani

PROCESSI

Infarinare, condire e friggere le quaglie in padella. Ritiro e prenotazione.

Nello stesso olio fate soffriggere la carota e il porro tagliati a listarelle e l'aglio a fettine. Quando le verdure saranno morbide aggiungere l'olio, l'aceto e il vino.

Aggiungere la foglia di alloro e il pepe. Aggiustare di sale e cuocere per 10 minuti insieme ai frutti rossi.

Aggiungere le quaglie e farle cuocere per altri 10 minuti fino a cottura ultimata. Lasciamo riposare sotto il fuoco.

TRUCCO

Insieme alla carne di quaglia, questa marinata è un condimento delizioso e accompagna una buona insalata di lattuga.

POLLO AL LIMONE

INGREDIENTI

1 pollo

30 grammi di zucchero

25 grammi di burro

1 litro di brodo di pollo

1dl di vino bianco

Succo di 3 limoni

1 cipolla

1 porro

Olio d'oliva

Sale e pepe

PROCESSI

Tritare e condire il pollo. Rosolare a fuoco alto e togliere.

Sbucciare la cipolla e pulire il porro e tagliarlo a julienne. Friggere le verdure nello stesso olio con cui è stato preparato il pollo. Bagnare con il vino e lasciare evaporare.

Aggiungere il succo di limone, lo zucchero e il brodo. Cuocere per 5 minuti e rimettere dentro il pollo. Cuocere a fuoco basso per altri 30 minuti, aggiustare di sale e pepe.

TRUCCO

Per rendere il sugo più fine e senza pezzetti di verdure è meglio frullarlo.

POLLO SAN JACOBO CON PROSCIUTTO SERRANO, TORTA DEL CASAR E RUCOLA

INGREDIENTI

8 filetti di pollo sottili

Torta nuziale da 150 g

100 g di rucola

4 fette di prosciutto serrano

Farina, uova e cereali (per guarnire)

Olio d'oliva

Sale e pepe

PROCESSI

Condire i filetti di pollo e cospargerli con il formaggio. Disporre su uno la rucola e il prosciutto serrano e posizionarne un altro sopra per sigillarlo. Fai lo stesso con il resto.

Passateli nella farina, nell'uovo sbattuto e nei cereali tritati. Friggere in abbondante olio ben caldo per 3 minuti.

TRUCCO

Può essere condito con popcorn tritati, kikos e persino vermicelli. Il risultato è molto divertente.

POLLO AL CURRY AL FORNO

INGREDIENTI

4 cosce di pollo (a persona)

1 litro di panna

1 erba cipollina o cipolla

2 cucchiai di curry

4 yogurt naturali

salato

PROCESSI

Tagliate la cipolla a pezzetti e mescolatela in una ciotola con lo yogurt, la panna e il curry. Condire con sale.

Tagliate il pollo e fatelo marinare nella salsa allo yogurt per 24 ore.

Arrostire per 90 minuti a 180 ºC, togliere il pollo e servire con la salsa montata.

TRUCCO

Se vi avanza del sugo potete utilizzarlo per preparare delle deliziose polpette.

POLLO AL VINO ROSSO

INGREDIENTI

1 pollo tritato

Vino rosso da ½ litro

1 rametto di rosmarino

1 rametto di timo

2 spicchi d'aglio

2 porri

1 peperone rosso

1 carota

1 cipolla

Zuppa di pollo

Farina

Olio d'oliva

Sale e pepe

PROCESSI

Condire e friggere il pollo in una padella calda. Ritiro e prenotazione.

Tagliate le verdure a pezzetti e fatele soffriggere nello stesso olio in cui è stato fritto il pollo.

Sfumare con il vino, aggiungere le erbe aromatiche e far ridurre a fuoco vivace per circa 10 minuti. Aggiungete il pollo e versateci sopra il brodo fino a coprirlo. Cuocere per altri 20 minuti o fino a quando la carne sarà cotta.

TRUCCO

Se volete una salsa più fine e senza pezzi, frullate e filtrate la salsa.

POLLO FRITTO CON BIRRA NERA

INGREDIENTI

4 cosce di pollo

Forte 750 ml

1 cucchiaio di cumino

1 rametto di timo

1 rametto di rosmarino

2 cipolle

3 spicchi d'aglio

1 carota

Sale e pepe

PROCESSI

Tagliare a julienne le cipolle, le carote e l'aglio. Disporre il timo e il rosmarino sul fondo di una teglia e adagiarvi sopra la cipolla, le carote e l'aglio; e poi le cosce di pollo, con la pelle rivolta verso il basso, condite e spolverate di cumino. Cuocere per circa 45 minuti a 175 ºC.

Dopo 30 minuti aggiungete la birra, girate i tortini e lasciateli cuocere per altri 45 minuti. Quando il pollo sarà dorato, toglietelo dalla padella e mantecate con la salsa.

TRUCCO

Aggiungere 2 mele a fette al centro dell'arrosto e schiacciarle con il resto della salsa ne esalterà ancora di più il sapore.

PERNICE AL CIOCCOLATO

INGREDIENTI

4 pernici

½ litro di brodo di pollo

½ bicchiere di vino rosso

1 rametto di rosmarino

1 rametto di timo

1 cipollotto

1 carota

1 spicchio d'aglio

1 pomodoro grattugiato

Cioccolato

Olio d'oliva

Sale e pepe

PROCESSI

Condire e friggere le pernici. Prenotare.

Soffriggere la carota, l'aglio e il cipollotto tritati nello stesso olio a fuoco medio. Alzare la fiamma e aggiungere il pomodoro. Cuocere fino a perdere l'acqua. Bagnare con il vino e lasciare evaporare quasi completamente.

Aggiungere il brodo e aggiungere le erbe. Cuocere a fuoco basso finché le pernici saranno cotte. Condire con sale. Togliere dal fuoco e aggiungere il cioccolato a piacere. Cancellare.

TRUCCO

Per dare al piatto un tocco piccante potete aggiungere pepe di cayenna e se lo volete croccante aggiungete nocciole o mandorle tostate.

TACCHINO ARROSTO CON SALSA AI FRUTTI ROSSI

INGREDIENTI

4 tacchini

250 g di frutti rossi

Spumante da ½ litro

1 rametto di timo

1 rametto di rosmarino

3 spicchi d'aglio

2 porri

1 carota

Olio d'oliva

Sale e pepe

PROCESSI

Pulite e tagliate a julienne il porro, le carote e l'aglio. Disporre questa verdura su un piatto insieme al timo, al rosmarino e ai frutti rossi.

Disporre sopra i quarti di tacchino, irrorati con un filo d'olio e con la pelle rivolta verso il basso. Arrostire per 1 ora a 175 ºC.

Dopo 30 minuti, fai un bagno con il cava. Girare la carne e grigliarla per altri 45 minuti, trascorso il tempo toglierla dalla padella. Macinare, filtrare e correggere il sale della salsa.

TRUCCO

Il tacchino è pronto quando la coscia e la coscia si separano facilmente.

POLLO ARROSTO CON SALSA DI PESCHE

INGREDIENTI

4 cosce di pollo

Vino bianco da ½ litro

1 rametto di timo

1 rametto di rosmarino

3 spicchi d'aglio

2 pesche

2 cipolle

1 carota

Olio d'oliva

Sale e pepe

PROCESSI

Tagliare a julienne le cipolle, le carote e l'aglio. Sbucciare le pesche, dividerle a metà ed eliminare il nocciolo.

Mettete sul fondo di una padella il timo e il rosmarino insieme alla carota, alla cipolla e all'aglio. Disporre le natiche, irrorate con un filo d'olio, con la pelle rivolta verso il basso e arrostirle per circa 45 minuti a 175ºC.

Dopo 30 minuti bagnateli con il vino bianco, girateli e fateli cuocere per altri 45 minuti fino a doratura. Quando il pollo sarà dorato, toglietelo dalla padella e mantecate con la salsa.

TRUCCO

All'arrosto si possono aggiungere mele o pere. La salsa avrà un sapore delizioso.

FILETTO DI POLLO FARCITO CON SPINACI E MOZZARELLA

INGREDIENTI

8 filetti di pollo sottili

200 g di spinaci freschi

150 grammi di mozzarella

8 foglie di basilico

1 cucchiaino di cumino macinato

Farina, uova e pangrattato (per la panatura)

Olio d'oliva

Sale e pepe

PROCESSI

Condire il seno su entrambi i lati. Mettete sopra gli spinaci, il formaggio tritato e il basilico tritato e coprite con un altro filetto. Arrotolare la farina, l'uovo sbattuto, il pangrattato e il composto di cumino.

Friggere per qualche minuto su ciascun lato ed eliminare l'olio in eccesso su carta assorbente.

TRUCCO

L'accompagnamento perfetto è una buona salsa di pomodoro. Questo piatto può essere preparato con il tacchino ma anche con il filetto fresco.

POLLO FRITTO AL CAVA

INGREDIENTI

4 cosce di pollo

1 bottiglia di spumante

1 rametto di timo

1 rametto di rosmarino

3 spicchi d'aglio

2 cipolle

Olio d'oliva

Sale e pepe

PROCESSI

Tagliare le cipolle e l'aglio Juliana. Disporre il timo e il rosmarino sul fondo di una casseruola e disporvi sopra le cipolle e l'aglio, poi le cipolle pepate, con la pelle rivolta verso il basso. Cuocere per circa 45 minuti a 175 ºC.

Dopo 30 minuti, cospargere con il cava, girare gli avanzi e cuocere per altri 45 minuti. Quando il pollo sarà dorato, toglietelo dalla padella e mantecate con la salsa.

TRUCCO

Un'altra variabile nella stessa ricetta è realizzarla con il lambrusco o il vino dolce.

SPIEDINI DI POLLO CON SALSA DI ARACHIDI

INGREDIENTI

600 g di filetti di pollo

150 g di arachidi

500 ml di brodo di pollo

200 ml di crema

3 cucchiai di salsa di soia

3 cucchiai di miele

1 cucchiaio di curry

1 pepe di cayenna tritato molto finemente

1 cucchiaio di succo di lime

Olio d'oliva

Sale e pepe

PROCESSI

Schiacciare molto bene le arachidi fino a renderle una pasta. Mescolarli in una ciotola con il succo di lime, il brodo, la soia, il miele, il curry, sale e pepe. Tagliate i petti a pezzi e fateli marinare in questo composto per una notte.

Togliere il pollo e infilarlo negli spiedini. Far bollire il composto precedente insieme alla panna a fuoco basso per 10 minuti.

Rosolare gli spiedini in padella a fuoco medio e servire con la salsa sopra.

TRUCCO

Potete farli con le cosce di pollo. Ma invece di rosolarli in padella, arrostiteli al forno con sopra il sugo.

POLLO IN PEPITORIA

INGREDIENTI

1 kg e mezzo di pollo

250 grammi di cipolla

50 g di mandorle tostate

25 g di pane cotto

½ litro di brodo di pollo

¼ l di buon vino

2 spicchi d'aglio

2 foglie di alloro

2 uova sode

1 cucchiaio di farina

14 fili di zafferano

150 grammi di olio d'oliva

Sale e pepe

PROCESSI

Tritare e condire il pollo tritato. Oro e riserva.

Tagliate la cipolla e l'aglio a pezzetti e fateli soffriggere nello stesso olio in cui è stato fritto il pollo. Aggiungete la farina e fate cuocere a fuoco basso per 5 minuti, bagnate con il vino e lasciate evaporare.

Aggiungere il brodo fino al punto di sale e cuocere per altri 15 minuti. Quindi aggiungere il pollo messo da parte insieme alle foglie di alloro e cuocere fino a cottura del pollo.

A parte, tostare lo zafferano e aggiungerlo al mortaio insieme al pane appena sfornato, alle mandorle e ai tuorli d'uovo. Ridurre in una pasta e aggiungere allo stufato di pollo. Cuocere per altri 5 minuti.

TRUCCO

Non esiste miglior accompagnamento per questa ricetta di un buon riso pilaf. Può essere servito con albumi d'uovo tritati e sopra un po' di prezzemolo tritato.

POLLO ALL'ARANCIA

INGREDIENTI

1 pollo

25 grammi di burro

1 litro di brodo di pollo

1 dl di vino rosato

2 cucchiai di miele

1 rametto di timo

2 carote

2 arance

2 porri

Olio d'oliva

Sale e pepe

PROCESSI

Condire e friggere il pollo tritato a fuoco vivo in olio d'oliva. Ritiro e prenotazione.

Sbucciare le carote e il porro, pulirli e tagliarli a julienne. Friggere nello stesso olio in cui è stato fritto il pollo. Aggiungere il vino e cuocere a fuoco vivace fino a ridurlo.

Aggiungere il succo d'arancia, il miele e il brodo. Cuocere per 5 minuti e aggiungere nuovamente i pezzi di pollo. Cuocere a fuoco basso per 30 minuti, aggiungere il burro freddo e aggiustare di sale e pepe.

TRUCCO

Potete tralasciare una manciata abbondante di noci e aggiungerle allo spezzatino dopo la cottura.

POLLO IN STUFATO CON PORCINI

INGREDIENTI

1 pollo

200 g di prosciutto serrano

200 g di funghi porcini

50 grammi di burro

600 ml di brodo di pollo

1 bicchiere di vino bianco

1 rametto di timo

1 spicchio d'aglio

1 carota

1 cipolla

1 pomodoro

Olio d'oliva

Sale e pepe

PROCESSI

Tritate, condite e fate rosolare il pollo nel burro e un filo d'olio. Ritiro e prenotazione.

Nello stesso grasso fate soffriggere la cipolla, la carota e l'aglio tritati insieme al prosciutto tagliato a dadini. Alzare la fiamma e aggiungere i funghi porcini tritati finemente. Cuocere per 2 minuti, aggiungere il pomodoro grattugiato e cuocere fino a perdere tutta l'acqua.

Riaggiungete i pezzi di pollo e bagnateli con il vino. Lasciare ridurre fino a quando la salsa sarà quasi asciutta. Bagnare con il brodo e aggiungere il timo. Cuocere a fuoco lento per 25 minuti o fino a quando il pollo sarà cotto. Condire con sale.

TRUCCO

Utilizzare funghi di stagione o secchi.

POLLO SALTATO CON NOCI E SOIA

INGREDIENTI

3 filetti di pollo

70 g di uvetta

30 g di mandorle

30 g di anacardi

30 g di noci

30 g di nocciole

1 bicchiere di brodo di pollo

3 cucchiai di salsa di soia

2 spicchi d'aglio

1 pepe di cayenna

1 limone

Zenzero

Olio d'oliva

Sale e pepe

PROCESSI

Tritare i petti, condirli e rosolarli in padella a fuoco vivace. Ritiro e prenotazione.

Fate soffriggere le noci nell'olio insieme all'aglio grattugiato, un pezzetto di zenzero grattugiato, il pepe di cayenna e la scorza di limone.

Aggiungere l'uvetta, i petti riservati e i semi di soia. Lasciare bollire per 1 minuto e versare sopra il brodo. Cuocere per altri 6 minuti a fuoco medio, aggiustando di sale se necessario.

TRUCCO

Non è praticamente necessario utilizzare il sale, poiché è fornito quasi interamente dalla soia.

POLLO AL CIOCCOLATO CON ALMEDRAS ARROSTO

INGREDIENTI

1 pollo

60 g di cioccolato fondente grattugiato

1 bicchiere di vino rosso

1 rametto di timo

1 rametto di rosmarino

1 foglia di alloro

2 carote

2 spicchi d'aglio

1 cipolla

Brodo di pollo (o acqua)

Mandorle tostate

Olio extravergine d'oliva

Sale e pepe

PROCESSI

Tritare, condire e rosolare il pollo in una padella molto calda. Ritiro e prenotazione.

Nello stesso olio fate soffriggere a fuoco basso la cipolla, le carote e gli spicchi d'aglio tagliati a pezzetti.

Aggiungere la foglia di alloro e i rametti di timo e rosmarino. Aggiungere il vino, il brodo e cuocere a fuoco basso per 40 minuti. Aggiustate di sale e togliete il pollo.

Frullare la salsa con un frullatore e rimetterla nella padella. Aggiungere il pollo e il cioccolato e mescolare finché il cioccolato non si scioglie. Cuocere per altri 5 minuti per amalgamare i sapori.

TRUCCO

Terminare con mandorle tostate sopra. Se aggiungi un pepe di cayenna o un peperoncino, otterrai un tocco piccante.

SPIEDINI DI AGNELLO CON PAPRIKA E VINAIGRETTE ALLA SENAPE

INGREDIENTI

350 g di agnello

2 cucchiai di aceto

1 cucchiaio colmo di paprika in polvere

1 cucchiaio colmo di senape

1 cucchiaio raso di zucchero

1 tazza di pomodorini

1 peperone verde

1 peperone rosso

1 cipollotto piccolo

1 cipolla

5 cucchiai di olio d'oliva

Sale e pepe

PROCESSI

Pulite le verdure e tagliatele, escluso il cipollotto, a cubetti di media grandezza. Tagliare l'agnello a cubetti della stessa dimensione. Assemblare gli spiedini, inserire un pezzo di carne e un pezzo di verdura. Stagione. Friggeteli in una padella molto calda con un filo d'olio per 1 o 2 minuti per lato.

A parte unire in una ciotola la senape, la paprika, lo zucchero, l'olio, l'aceto e l'erba cipollina tritata. Aggiustare di sale ed emulsionare.

Servire gli spiedini appena preparati con un po' di salsa alla paprika.

TRUCCO

Puoi anche aggiungere 1 cucchiaio di curry in polvere e un po' di scorza di limone alla vinaigrette.

PINNA DI VITELLO PIENA DI PORTO

INGREDIENTI

Pinne di vitello da 1 kg (aperte come un libro da riempire)

350 g di carne di maiale macinata

1 kg di carote

1 chilo di cipolle

100 grammi di pinoli

1 lattina piccola di peperoni piquillo

1 vasetto di olive nere

1 confezione di pancetta

1 testa d'aglio

2 foglie di alloro

vino di Porto

Brodo di manzo

Olio d'oliva

Sale e pepe in grani

PROCESSI

Condire la pinna su entrambi i lati. Farcire con la carne di maiale, i pinoli, i peperoni tagliati finissimi, le olive tagliate in quarti e la pancetta tagliata a listarelle. Arrotolare e mettere in una rete o legare con filo di ferro. Fate rosolare a fuoco molto alto, togliete e mettete da parte.

Tagliare a brunoise le carote, le cipolle e l'aglio e friggerli fino a doratura nello stesso olio in cui è stata fritta la carne di vitello. Sostituire la pinna. Cospargere con un pizzico di porto e brodo di manzo fino a coprire tutto. Aggiungere 8 grani di pepe e le foglie di alloro. Cuocere coperto e a fuoco basso per 40 minuti, girando ogni 10 minuti. Una volta che la carne sarà tenera, scolatela e amalgamatela al sugo.

TRUCCO

Il porto può essere sostituito da qualsiasi altro vino o champagne.

POLPETTE DELLA MADRILEÑA

INGREDIENTI

1 kg di carne macinata

500 g di carne di maiale macinata

500 g di pomodori maturi

150 g di cipolle

100 grammi di funghi

1 litro di brodo di carne (o acqua)

2 dl di vino bianco

2 cucchiai di prezzemolo fresco

2 cucchiai di pangrattato

1 cucchiaio di farina

3 spicchi d'aglio

2 carote

1 foglia di alloro

1 uovo

Zucchero

Olio d'oliva

Sale e pepe

PROCESSI

Mescolare le due carni con il prezzemolo tritato finemente, 2 spicchi d'aglio tagliati a dadini, il pangrattato, l'uovo, sale e pepe. Formate delle palline e fatele dorare in padella. Ritiro e prenotazione.

Nello stesso olio soffriggere la cipolla con l'aglio rimasto, aggiungere la farina e friggere fino a doratura. Aggiungete i pomodori e fate cuocere per altri 5 minuti, aggiungete il vino e fate cuocere per altri 10 minuti. Aggiungere il brodo e cuocere per altri 5 minuti. Tritare e rettificare sale e zucchero. Cuocere le polpette nel sugo per 10 minuti insieme all'alloro.

Pulite separatamente le carote ed i funghi, sbucciateli e tagliateli a cubetti. Friggerle con un filo d'olio per 2 minuti e aggiungerle allo spezzatino di polpette.

TRUCCO

Per rendere più gustoso il composto delle polpette, aggiungere 150 g di pancetta iberica fresca tritata. È meglio non premere troppo durante la preparazione delle palline in modo che diventino più succose.

GUANCE DI MANZO AL CIOCCOLATO

INGREDIENTI

8 guance di manzo

Vino rosso da ½ litro

6 once di cioccolato

2 spicchi d'aglio

2 pomodori

2 porri

1 gambo di sedano

1 carota

1 cipolla

1 rametto di rosmarino

1 rametto di timo

Farina

Brodo di manzo (o acqua)

Olio d'oliva

Sale e pepe

PROCESSI

Condire e friggere le guance fino a doratura in una padella molto calda. Ritiro e prenotazione.

Tagliate le verdure a brunoise e fatele soffriggere nella stessa padella in cui sono state fritte le guance.

Quando le verdure saranno morbide, aggiungere i pomodorini grattugiati e cuocere fino a perdere tutta l'acqua. Aggiungete il vino, le erbe aromatiche e lasciate evaporare per 5 minuti. Aggiungere le guance e il brodo di manzo per ricoprire.

Cuocere fino a quando le guance saranno ben morbide, aggiungere il cioccolato a piacere, mescolare e condire con sale e pepe.

TRUCCO

La salsa può essere tagliata a pezzetti oppure lasciata insieme alle verdure intere.

TORTIETTO DI MAIALE CONFIRATO CON SALSA AL VINO DOLCE

INGREDIENTI

½ maialino da latte, tritato

1 bicchiere di vino dolce

2 rametti di rosmarino

2 rametti di timo

4 spicchi d'aglio

1 piccola carota

1 cipolla piccola

1 pomodoro

olio d'oliva delicato

sale grosso

PROCESSI

Stendere il maialino da latte su una teglia e salarlo su entrambi i lati. Aggiungere l'aglio pressato e le erbe aromatiche. Coprire con olio e arrostire a 100 ºC per 5 ore. Poi fatelo scaldare e disossatelo, eliminando la carne e la pelle.

Disporre la carta da forno su una teglia. Dividere il maiale e adagiarvi sopra la pelle (dovrebbe essere alta almeno 2 dita). Metti un'altra teglia e conservala in frigorifero con un po' di peso sopra.

Nel frattempo preparate un brodo scuro. Tagliare le ossa e le verdure a pezzi di media grandezza. Arrostire le ossa per 35 minuti a 185ºC, aggiungere le verdure ai lati e cuocere per altri 25 minuti. Sfornare e bagnare con il vino. Mettete tutto in un pentolino e coprite con acqua fredda. Cuocere per 2 ore a fuoco molto basso. Filtrare e rimettere sul fuoco finché non si sarà leggermente addensato. Sgrassaggio.

Tagliare la torta in porzioni e friggerla in una padella calda dal lato della pelle finché diventa croccante. Cuocere per 3 minuti a 180ºC.

TRUCCO

È un piatto più laborioso che difficile, ma il risultato è spettacolare. L'unico modo per evitare di rovinarla alla fine è servire la salsa accanto alla carne e non sopra.

MARCHIO CONIGLIO

INGREDIENTI

1 coniglio tritato

80 g di mandorle

1 litro di brodo di pollo

400 ml di polpa

200 ml di crema

1 rametto di rosmarino

1 rametto di timo

2 cipolle

2 spicchi d'aglio

1 carota

10 fili di zafferano

Sale e pepe

PROCESSI

Tritare, condire e rosolare il coniglio. Ritiro e prenotazione.

Nello stesso olio fate soffriggere la carota, la cipolla e l'aglio tagliati a pezzetti. Aggiungere lo zafferano e le mandorle e friggere per 1 minuto.

Alzare la fiamma e aggiungere la polpa. fiammato Aggiungere nuovamente il coniglio e irrorare con il brodo. Aggiungere i rametti di timo e rosmarino.

Cuocere per circa 30 minuti fino a cottura del coniglio e aggiungere la panna. Cuocere per altri 5 minuti e aggiustare di sale.

TRUCCO

Il flambé è la combustione dell'alcol di uno spirito. Assicurarsi che la cappa aspirante sia spenta.

POLPETTE IN SALSA DI NOCCIOLE PEPITORIA

INGREDIENTI

750 g di carne macinata

750 g di carne di maiale macinata

250 grammi di cipolla

60 g di nocciole

25 g di pane cotto

½ litro di brodo di pollo

Vino bianco da ¼ litro

10 fili di zafferano

2 cucchiai di prezzemolo fresco

2 cucchiai di pangrattato

4 spicchi d'aglio

2 uova sode

1 uovo fresco

2 foglie di alloro

150 grammi di olio d'oliva

Sale e pepe

PROCESSI

In una ciotola mescolare la carne, il prezzemolo tritato, l'aglio a cubetti, il pangrattato, l'uovo, il sale e il pepe. Infarinare e rosolare in una casseruola a fuoco medio. Ritiro e prenotazione.

Nello stesso olio fate soffriggere a fuoco basso la cipolla e gli altri 2 spicchi d'aglio tagliati a dadini. Bagnare con il vino e lasciare evaporare. Aggiungete il brodo e fate cuocere per 15 minuti, poi aggiungete le polpette al sugo insieme alle foglie di alloro e fate cuocere per altri 15 minuti.

Tostate a parte lo zafferano e pestatelo nel mortaio insieme al pane cotto, alle nocciole e ai tuorli d'uovo fino ad ottenere una pasta omogenea. Aggiungere allo spezzatino e cuocere per altri 5 minuti.

TRUCCO

Servire con gli albumi tritati e un po' di prezzemolo sopra.

SCALOPINE DI VITELLO ALLA BIRRA NERA

INGREDIENTI

4 bistecche

125 g di funghi shiitake

1/3 litro di birra scura

1 dl di brodo di carne

1 dl di panna

1 carota

1 cipollotto

1 pomodoro

1 rametto di timo

1 rametto di rosmarino

Farina

Olio d'oliva

Sale e pepe

PROCESSI

Condire e infarinare i filetti. Fateli soffriggere leggermente in padella con un filo d'olio. Ritiro e prenotazione.

Fate soffriggere nello stesso olio la cipolla e la carota tagliate a dadini. Una volta cotta aggiungete il pomodoro grattugiato e fate cuocere fino a quando il sugo sarà quasi asciutto.

Aggiungere la birra, lasciare evaporare l'alcol per 5 minuti a fuoco medio e aggiungere il brodo, le erbe aromatiche e i filetti. Cuocere per 15 minuti o fino a cottura ultimata.

Friggere a parte i funghi sfilettati a fuoco vivace e aggiungerli allo spezzatino. Condire con sale.

TRUCCO

I filetti non devono essere troppo cotti altrimenti diventeranno molto duri.

VIAGGIO A MADRILEÑA

INGREDIENTI

1 kg di trippa pulita

2 zampe di maiale

25 g di farina

1 dl di aceto

2 cucchiai di paprika in polvere

2 foglie di alloro

2 cipolle (di cui 1 stagionata)

1 testa d'aglio

1 peperoncino

2 dl di olio d'oliva

20 grammi di sale

PROCESSI

Sbollentare la trippa e gli zampetti di maiale in una pentola con acqua fredda. Una volta che inizia a bollire, cuocere per 5 minuti.

Scolare e sostituire con acqua pulita. Aggiungere la cipolla appuntita, il peperoncino, la testa d'aglio e le foglie di alloro. Se necessario aggiungete altra acqua fino a coprirlo bene e fate cuocere a fuoco basso e coperto per 4 ore finché gli zampetti e la trippa saranno cotti.

Una volta cotta la trippa, eliminate la cipolla, l'alloro e il peperoncino. Togliete anche gli zampetti, disossateli e tagliateli a pezzetti grandi quanto una trippa. Rimettilo nella pentola.

A parte soffriggere l'altra cipolla tagliata a brunoise, aggiungere il pepe e 1 cucchiaio di farina. Una volta cotta aggiungetela allo spezzatino. Far bollire per 5 minuti, aggiustare di sale e addensare se necessario.

TRUCCO

Questa ricetta sarà più saporita se preparata uno o due giorni prima. Potete aggiungere anche dei ceci cotti e ottenere un piatto di legumi di prima scelta.

LONZA DI MAIALE ARROSTO CON MELE E MENTA

INGREDIENTI

800 g di lombo di maiale fresco

500 grammi di mele

60 grammi di zucchero

1 bicchiere di vino bianco

1 bicchiere di grappa

10 foglie di menta

1 foglia di alloro

1 cipolla grande

1 carota

Olio d'oliva

Sale e pepe

PROCESSI

Condire il lombo con sale e pepe e friggerlo a fuoco vivace fino a doratura. Ritiro e prenotazione.

Fate soffriggere nell'olio la cipolla e la carota pulite e tritate finemente. Sbucciare e togliere il torsolo alle mele.

Disporre il tutto su una teglia, bagnare con l'alcol e aggiungere la foglia di alloro. Cuocere per 90 minuti a 185°C.

Togliere le mele e le verdure e mescolarle con lo zucchero e la menta. Sfilettare il lombo e la salsa con il liquido di cottura e accompagnare con la composta di mele.

TRUCCO

Durante la cottura aggiungete un po' d'acqua in padella per evitare che la lonza si secchi.

POLPETTE DI POLLO CON SALSA AI LAMPONI

INGREDIENTI

Per le polpette

1 kg di carne macinata di pollo

1dl di latte

2 cucchiai di pangrattato

2 uova

1 spicchio d'aglio

vino sherry

Farina

Prezzemolo tritato

Olio d'oliva

Sale e pepe

Per la salsa di lamponi

200 g di marmellata di lamponi

½ litro di brodo di pollo

1½ dl di vino bianco

½ dl di salsa di soia

1 pomodoro

2 carote

1 spicchio d'aglio

1 cipolla

salato

PROCESSI

Per le polpette

Mescolare la carne con il pangrattato, il latte, le uova, lo spicchio d'aglio tritato finemente, il prezzemolo e una spruzzata di vino. Aggiustare di sale e pepe e lasciare riposare per 15 minuti.

Con il composto formare delle palline e passarle nella farina. Rosolare nell'olio e cercare di lasciare qualcosa di crudo all'interno. Prenota l'olio.

Per la salsa agrodolce di lamponi

Sbucciate e tritate la cipolla, l'aglio e le carote a dadini. Friggere nello stesso olio in cui sono state rosolate le polpette. Condire con un pizzico di sale. Aggiungete i pomodori pelati e senza semi e fate cuocere a fuoco basso finché l'acqua non sarà evaporata.

Bagnare con il vino e cuocere fino a ridurlo della metà. Aggiungere la salsa di soia e il brodo e cuocere per altri 20 minuti finché la salsa non sarà densa. Aggiungete la marmellata e le polpette e fate cuocere per altri 10 minuti.

TRUCCO

La confettura di lamponi può essere sostituita da un altro frutto rosso e anche dalla confettura.

STUFATO D'AGNELLO

INGREDIENTI

1 cosciotto d'agnello

1 bicchiere grande di vino rosso

½ tazza di pomodoro schiacciato (o 2 pomodori grattugiati)

1 cucchiaio di paprika dolce

2 patate grandi

1 peperone verde

1 peperone rosso

1 cipolla

Brodo di manzo (o acqua)

Olio d'oliva

Sale e pepe

PROCESSI

Tritare, condire e rosolare il cosciotto in una padella ben calda. Ritiro e prenotazione.

Nello stesso olio fate soffriggere il peperone e la cipolla tagliati a dadini. Quando le verdure saranno ben fritte, aggiungere il cucchiaio di paprika in polvere e il pomodoro. Continuare la cottura a fuoco vivace finché il pomodoro non perderà l'acqua. Quindi aggiungere nuovamente l'agnello.

Bagnare con il vino e lasciare evaporare. Versare sopra il brodo di carne.

Quando l'agnello sarà tenero, aggiungere le patate cachelada (non tagliate) e cuocere fino a quando le patate saranno tenere. Condire con sale e pepe.

TRUCCO

Per una salsa ancora più gustosa, fate soffriggere separatamente 4 peperoni piquillo e 1 spicchio d'aglio. Mescolare con un po' di brodo dello spezzatino e aggiungere allo spezzatino.

CIVETO DI LEPRE

INGREDIENTI

1 lepre

250 g di funghi

250 g di carote

250 grammi di cipolla

100 grammi di pancetta

¼ litro di vino rosso

3 cucchiai di salsa di pomodoro

2 spicchi d'aglio

2 rametti di timo

2 foglie di alloro

Brodo di manzo (o acqua)

Olio d'oliva

Sale e pepe

PROCESSI

Tagliare la lepre a fettine e farla marinare per 24 ore in carota, aglio e cipolla tagliati a pezzetti, vino, 1 rametto di timo e 1 foglia di alloro. Trascorso il tempo filtrate e tenete da parte il vino da una parte e le verdure dall'altra.

Condire la lepre con sale e pepe, friggerla a fuoco vivace fino a doratura e toglierla. Friggere le verdure nello stesso olio a fuoco medio. Aggiungete la salsa di pomodoro e fate rosolare per 3 minuti, quindi rimettete la lepre.

Bagnare con il vino e il brodo fino a coprire la carne. Aggiungere l'altro rametto di timo e l'altra foglia di alloro. Cuocere fino a quando la lepre sarà tenera.

Nel frattempo rosolare le striscioline di pancetta ed i funghi tagliati in quarti ed aggiungerli allo spezzatino. A parte pestate in un mortaio il fegato di lepre e aggiungete anche quello. Cuocere per altri 10 minuti e condire con sale e pepe.

TRUCCO

Questo piatto può essere preparato con qualsiasi selvaggina ed è più gustoso se preparato il giorno prima.

CONIGLIO CON PIPERRADA

INGREDIENTI

1 coniglio

2 pomodori grandi

2 cipolle

1 peperone verde

1 spicchio d'aglio

Zucchero

Olio d'oliva

Sale e pepe

PROCESSI

Tritate, condite e fate rosolare il coniglio in una padella ben calda. Ritiro e prenotazione.

Tagliate a pezzetti la cipolla, i peperoni e l'aglio e fateli soffriggere a fuoco basso per 15 minuti nello stesso olio in cui è stato fritto il coniglio.

Aggiungete i pomodorini tagliati a brunoise e fate cuocere a fuoco medio fino a perdere tutta l'acqua. Se necessario aggiustate di sale e zucchero.

Aggiungete il coniglio, abbassate la fiamma e fate cuocere a padella coperta per 15-20 minuti, mescolando di tanto in tanto.

TRUCCO

Alla piperrada si possono aggiungere zucchine o melanzane.

POLPETTE DI POLLO RIPIENE AL FORMAGGIO CON SALSA AL CURRY

INGREDIENTI

500 g di pollo tritato

150 g di formaggio tagliato a cubetti

100 g di pangrattato

200 ml di crema

1 bicchiere di brodo di pollo

2 cucchiai di curry

½ cucchiaio di pangrattato

30 uvetta

1 peperone verde

1 carota

1 cipolla

1 uovo

1 limone

Latte

Farina

Olio d'oliva

salato

PROCESSI

Condire il pollo e unirlo al pangrattato, all'uovo, 1 cucchiaio di curry e al pangrattato ammollato nel latte. Formate delle palline, riempitele con un cubetto di formaggio e passatele nella farina. Cuocere e prenotare.

Nello stesso olio fate soffriggere la cipolla, il peperone e la carota tagliati a pezzetti. Aggiungete la scorza di limone e fate soffriggere per qualche minuto. Aggiungere l'altro cucchiaio di curry, l'uvetta e il brodo di pollo. Quando inizia a bollire aggiungere la panna e cuocere per 20 minuti, aggiustare di sale.

TRUCCO

Un accompagnamento ideale per queste polpette sono i funghi tagliati in quarti, fritti con qualche spicchio d'aglio tritato e annaffiati con una generosa spruzzata di vino Porto o Pedro Ximénez.

PUNTI DI MAIALE AL VINO ROSSO

INGREDIENTI

12 guanciali di maiale

Vino rosso da ½ litro

2 spicchi d'aglio

2 porri

1 peperone rosso

1 carota

1 cipolla

Farina

Brodo di manzo (o acqua)

Olio d'oliva

Sale e pepe

PROCESSI

Condire e friggere le guance fino a doratura in una padella molto calda. Ritiro e prenotazione.

Tagliate le verdure alla bronoise e fatele soffriggere nello stesso olio in cui è stato fritto il maiale. Quando saranno ben cotte aggiungete il vino e lasciate sfumare per 5 minuti. Aggiungere le guance e il brodo di manzo per ricoprire.

Cuocere fino a quando le guance saranno molto tenere, frullando la salsa se non si vuole che rimangano pezzetti verdi.

TRUCCO

Le guance di maiale richiedono molto meno tempo delle guance di manzo. Otterrai un sapore diverso se alla fine aggiungi un grammo di cioccolato alla salsa.

SETA DI MAIALE DI NAVARRA

INGREDIENTI

2 cosce di agnello tritate

50 grammi di strutto

1 cucchiaino di paprika in polvere

1 cucchiaio di aceto

2 spicchi d'aglio

1 cipolla

Olio d'oliva

Sale e pepe

PROCESSI

Tagliare gli stinchi di agnello a pezzetti. Salare, pepare e far rosolare in padella a fuoco vivace. Ritiro e prenotazione.

Soffriggere la cipolla e l'aglio tritati finemente nello stesso olio per 8 minuti a fuoco basso. Aggiungere il pepe e friggere per altri 5 secondi. Aggiungere l'agnello e coprire con acqua.

Cuocere fino a quando la salsa si sarà ridotta e la carne sarà tenera. Aggiungere l'aceto e portare ad ebollizione.

TRUCCO

La prima rosolatura è fondamentale perché impedisce la fuoriuscita dei succhi. Fornisce inoltre un tocco croccante ed esalta i sapori.

STOP DI MANZO CON SALSA DI ARACHIDI

INGREDIENTI

750 g di carne di sanguinaccio

250 g di arachidi

2 l di brodo di carne

1 bicchiere di panna

½ bicchiere di grappa

2 cucchiai di salsa di pomodoro

1 rametto di timo

1 rametto di rosmarino

4 patate

2 carote

1 cipolla

1 spicchio d'aglio

Olio d'oliva

Sale e pepe

PROCESSI

Tritare, condire e rosolare il sanguinaccio a fuoco vivace. Ritiro e prenotazione.

Nello stesso olio fate soffriggere a fuoco basso la cipolla, l'aglio e la carota tagliata a dadini. Alzare la fiamma e aggiungere la salsa di pomodoro. Lasciamo bollire finché non perde tutta l'acqua. Bagnare con il cognac e lasciare evaporare l'alcool. Aggiungere nuovamente la carne.

Frullare bene le arachidi con il brodo e aggiungerle nella padella insieme alle erbe aromatiche. Cuocere a fuoco basso fino a quando la carne sarà quasi cotta.

Aggiungete poi le patate sbucciate e tagliate a quadratini regolari e la panna. Cuocere per 10 minuti e condire con sale e pepe. Lasciare riposare per 15 minuti prima di servire.

TRUCCO

Questo piatto di carne può essere accompagnato dal riso pilaf (vedi la sezione Riso e Pasta).

MAIALE ARROSTO

INGREDIENTI

1 maialino da latte

2 cucchiai di strutto

salato

PROCESSI

Coprite le orecchie e la coda con un foglio di alluminio in modo che non brucino.

Disporre 2 cucchiai di legno su una teglia e posizionare il maialino a faccia in su in modo che non tocchi il fondo della teglia. Aggiungete 2 cucchiai d'acqua e infornate per 2 ore a 180ºC.

Sciogliere il sale in 4 dl d'acqua e dipingere l'interno del maialino ogni 10 minuti. Dopo un'ora, capovolgilo e continua a dipingere con acqua salata fino allo scadere del tempo.

Sciogliere il burro e dipingere la pelle. Aumentare la temperatura del forno a 200°C e cuocere per altri 30 minuti o fino a quando la pelle sarà dorata e croccante.

TRUCCO

Non far gocciolare il succo sulla buccia; questo gli farebbe perdere la croccantezza. Servire la salsa sul fondo del piatto.

MENTO ARROSTO CON CAVOLO

INGREDIENTI

4 nocche

½ cavolo

3 spicchi d'aglio

Olio d'oliva

Sale e pepe

PROCESSI

Coprire gli artigli con acqua bollente e cuocere per 2 ore o fino a cottura completa.

Toglieteli dall'acqua e friggeteli con un filo d'olio a 220°C fino a doratura. Stagione.

Tagliare il cavolo cappuccio a listarelle sottili. Far bollire in abbondante acqua bollente per 15 minuti.

Nel frattempo fate soffriggere l'aglio tritato in un filo d'olio, aggiungete la verza e fatela rosolare. Condire con sale e pepe e servire insieme agli stinco arrostiti.

TRUCCO

I knuckles possono essere preparati anche in una padella molto calda. Friggerli ben dorati su tutti i lati.

CONIGLIO CACCIATORE

INGREDIENTI

1 coniglio

300 g di funghi

2 bicchieri di brodo di pollo

1 bicchiere di vino bianco

1 rametto di timo fresco

1 foglia di alloro

2 spicchi d'aglio

1 cipolla

1 pomodoro

Olio d'oliva

Sale e pepe

PROCESSI

Tritare, condire e rosolare il coniglio a fuoco vivace. Ritiro e prenotazione.

Fate soffriggere la cipolla e l'aglio tritati a fuoco basso nello stesso olio per 5 minuti. Alzare la fiamma e aggiungere il pomodoro grattugiato. Cuocere fino a quando non ci sarà più acqua.

Rimettete il coniglio e versateci sopra il vino. Lasciamo bollire per un po' e la salsa sarà quasi asciutta. Aggiungere il brodo e cuocere insieme alle erbe per 25 minuti o fino a cottura della carne.

Nel frattempo fate soffriggere i funghi puliti e affettati in una padella ben calda per 2 minuti. Aggiustare di sale e aggiungere allo spezzatino. Cuocere per altri 2 minuti, aggiustando di sale se necessario.

TRUCCO

Questa stessa ricetta può essere realizzata con carne di pollo o di tacchino.

BOTTONE DI MANZO ALLA MADRILEÑA

INGREDIENTI

4 bistecche

1 cucchiaio di prezzemolo fresco

2 spicchi d'aglio

Farina, uova e pangrattato (per la panatura)

Olio d'oliva

Sale e pepe

PROCESSI

Tritare finemente il prezzemolo e l'aglio. Riuniteli in una ciotola e aggiungete il pangrattato. Cancellare.

Condire i filetti con sale e pepe e passarli nella farina, nell'uovo sbattuto e nel composto di pangrattato, aglio e prezzemolo.

Pressate con le mani in modo che il pangrattato aderisca bene e friggete in abbondante olio caldo per 15 secondi.

TRUCCO

Schiacciare i filetti con un martello per rompere le fibre e intenerire la carne.

CONIGLIO IN STUFATO CON FUNGHI

INGREDIENTI

1 coniglio

250 g di funghi di stagione

50 grammi di strutto

200 grammi di pancetta

45 g di mandorle

600 ml di brodo di pollo

1 bicchiere di vino sherry

1 carota

1 pomodoro

1 cipolla

1 spicchio d'aglio

1 rametto di timo

Sale e pepe

PROCESSI

Tritare e condire il coniglio. Fate rosolare questo soffritto nel burro a fuoco vivo insieme alla pancetta affettata. Ritiro e prenotazione.

Nello stesso grasso soffriggere la cipolla, la carota e l'aglio tritati. Aggiungere i funghi affettati e friggere per 2 minuti. Aggiungete il pomodoro grattugiato e fate cuocere finché non perderà l'acqua.

Aggiungete nuovamente il coniglio e la pancetta e bagnate con il vino. Lasciamo bollire per un po' e la salsa sarà quasi asciutta. Aggiungere il brodo e aggiungere il timo. Cuocere a fuoco basso per 25 minuti o fino a quando il coniglio sarà tenero. Terminare con le mandorle sopra e aggiustare di sale.

TRUCCO

Si possono usare i funghi shiitake secchi. Aggiungono molto sapore e aroma.

COSTINE DI MAIALE IBERICO AL VINO BIANCO E MIELE

INGREDIENTI

1 costola di maiale iberico

1 bicchiere di vino bianco

2 cucchiai di miele

1 cucchiaio di paprika dolce

1 cucchiaio di rosmarino tritato

1 cucchiaio di timo tritato

1 spicchio d'aglio

Olio d'oliva

Sale e pepe

PROCESSI

Mettete in una ciotola le erbe aromatiche, l'aglio grattugiato, il miele e il sale. Aggiungere ½ bicchiere di olio e mescolare. Strofina le costole con questa miscela.

Arrostire per 30 minuti a 200 ºC con la carne rivolta verso il basso. Girare, irrorare con il vino e cuocere per altri 30 minuti o fino a quando le costine saranno dorate e tenere.

TRUCCO

Per permettere ai sapori di penetrare meglio nelle costole, è meglio marinare la carne il giorno prima.

PERE DI CIOCCOLATO AL PEPE

INGREDIENTI

150 g di cioccolato

85 grammi di zucchero

½ litro di latte

4 pere

1 bastoncino di cannella

10 grani di pepe

PROCESSI

Sbucciare le pere senza togliere il picciolo. Lessateli nel latte insieme allo zucchero, alla stecca di cannella e al pepe in grani per 20 minuti.

Togliere le pere, filtrare il latte e aggiungere il cioccolato. Lasciamo bollire senza smettere di mescolare finché non si addensa. Servire le pere accompagnate dalla salsa al cioccolato.

TRUCCO

Una volta cotte le pere, apritele nel senso della lunghezza, eliminate il torsolo e farcitele con il mascarpone e lo zucchero. Richiudete e salsate. delizioso.

TORTA AI TRE CIOCCOLATI CON IL BISCOTTO

INGREDIENTI

150 g di cioccolato bianco

150 g di cioccolato fondente

150 g di cioccolato al latte

450 ml di panna

450 ml di latte

4 cucchiai di burro

1 confezione di biscotti Maria

3 buste di ricotta

PROCESSI

Sbriciolare i biscotti e sciogliere il burro. Mescolare i biscotti con il burro e formare la pasta frolla in uno stampo amovibile. Lasciare riposare in freezer per 20 minuti.

Nel frattempo scaldate in una ciotola 150 g di latte, 150 g di panna e 150 g di uno dei cioccolatini. Una volta che inizierà a bollire, diluisci 1 bustina di caglio in un bicchiere con un po' di latte e aggiungilo al composto nella ciotola. Toglietela non appena riprenderà a bollire.

Mettete il primo cioccolato sull'impasto per biscotti e mettetelo in freezer per 20 minuti.

Ripeti lo stesso con un altro cioccolato e posizionalo sopra il primo strato. E ripetete l'operazione con il terzo cioccolatino. Lasciare riposare in freezer o in frigorifero fino al momento di servire.

TRUCCO

Possono essere utilizzati altri cioccolatini, come quello alla menta o all'arancia.

MERINGA SVIZZERA

INGREDIENTI

250 grammi di zucchero

4 albumi

un pizzico di sale

Qualche goccia di succo di limone

PROCESSI

Montare gli albumi con la frusta fino a raggiungere una consistenza dura. Aggiungete il succo del limone, un pizzico di sale e lo zucchero, poco alla volta e senza smettere di sbattere.

Una volta finito di aggiungere lo zucchero, sbattere per altri 3 minuti.

TRUCCO

Quando il bianco è duro, si chiama punto di picco o punto di neve.

COPERTURE DI NOCCIOLE CON BANANE

INGREDIENTI

100 g di farina

25 grammi di burro

25 grammi di zucchero

1½ dl di latte

8 cucchiai di crema di nocciole

2 cucchiai di rum

1 cucchiaio di zucchero a velo

2 banane

1 uovo

½ bustina di lievito

PROCESSI

Sbattere insieme l'uovo, il lievito, il rum, la farina, lo zucchero e il latte. Lasciare riposare per 30 minuti in frigorifero.

Scaldate il burro a fuoco basso in una padella antiaderente e stendete uno strato sottile di pasta su tutta la superficie. Girare fino a quando diventa marrone chiaro.

Sbucciare e tagliare i platani. Spalmare su ogni crêpe 2 cucchiai di crema di nocciole e ½ banana. Chiudete a forma di fazzoletto e spolverizzate con zucchero a velo.

TRUCCO

I pancake possono essere preparati in anticipo. Quando saranno pronti da mangiare non vi resta che scaldarli in padella con un po' di burro su entrambi i lati.

TORTA AL LIMONE CON BASE AL CIOCCOLATO

INGREDIENTI

400 ml di latte

300 grammi di zucchero

250 g di farina

125 grammi di burro

50 grammi di cacao

50 g di amido di mais

5 tuorli

Succo di 2 limoni

PROCESSI

Mescolare la farina, il burro, 100 g di zucchero e il cacao fino ad ottenere una consistenza sabbiosa. Aggiungere poi l'acqua fino ad ottenere un impasto che non si attacchi alle mani. Foderate uno stampo, versate questa crema e infornate per 20 minuti a 170°C.

Oltre a scaldare il latte. Nel frattempo sbattiamo i tuorli e il resto dello zucchero fino a quando diventano leggermente chiari. Poi aggiungete l'amido di mais e mescolate con il latte. Scaldare, mescolando continuamente, finché non si addensa. Aggiungete il succo di limone e continuate a mescolare.

Assemblare la torta riempiendo la base con la crema. Lasciare riposare in frigorifero per 3 ore prima di servire.

TRUCCO

Aggiungete qualche foglia di menta alla crema al limone per donare alla torta un tocco di freschezza perfetto.

TIRAMISÙ

INGREDIENTI

500 grammi mascarpone

120 grammi di zucchero

1 confezione di savoiardi

6 uova

Amaretto (o rum tostato)

1 bicchiere grande di caffè dalla caffettiera (zuccherato a piacere)

polvere di cacao

salato

PROCESSI

Separare l'albume e il tuorlo. Sbattere i tuorli e aggiungere metà dello zucchero e il mascarpone. Battere con movimenti avvolgenti e riservati. Montare gli albumi a neve ferma con un pizzico di sale. Quando sarà quasi montato aggiungete l'altra metà dello zucchero e finite di montare. Mescolare tuorli e proteine delicatamente e con movimenti avvolgenti.

Bagnare i biscotti da entrambi i lati nel caffè e nel liquore (senza bagnarli troppo) e disporli sul fondo di una ciotola.

Metti uno strato di crema di formaggio all'uovo sui biscotti. Immergere nuovamente i biscotti e montarli sopra l'impasto. Terminare con la massa di formaggio e spolverare con cacao in polvere.

TRUCCO

Da consumare la sera o meglio due giorni dopo la preparazione.

INTXAURSALSA (CREMA DI NOCI)

INGREDIENTI

125 g di noci sbucciate

100 grammi di zucchero

1 litro di latte

1 piccola stecca di cannella

PROCESSI

Far bollire il latte con la cannella e aggiungere lo zucchero e le noci tritate.

Cuocere a fuoco basso per 2 ore e lasciare raffreddare prima di servire.

TRUCCO

Dovrà avere una consistenza simile al budino di riso.

SNACK AL LATTE

INGREDIENTI

175 grammi di zucchero

1 litro di latte

Scorza di 1 limone

1 bastoncino di cannella

3 o 4 albumi

Polvere di cannella

PROCESSI

Scaldate il latte a fuoco basso con la stecca di cannella e la scorza di limone finché non inizierà a bollire. Aggiungete subito lo zucchero e fate cuocere per altri 5 minuti. Prenota e lascia raffreddare in frigorifero.

Quando sarà freddo, montate gli albumi a neve e aggiungeteli al latte con movimenti avvolgenti. Servire con cannella in polvere.

TRUCCO

Per ottenere una granita insuperabile, conservare in freezer e raschiare con una forchetta ogni ora fino a completa congelazione.

LE LINGUE DEL GATTO

INGREDIENTI

350 g di farina sfusa

250 g di burro morbido

250 g di zucchero a velo

5 albumi

1 uovo

Vaniglia

salato

PROCESSI

Mettete in una ciotola il burro, lo zucchero a velo, un pizzico di sale e un po' di essenza di vaniglia. Sbattere bene e aggiungere l'uovo. Continuate a montare e aggiungete gli albumi uno alla volta senza smettere di montare. Aggiungere subito la farina senza mescolare troppo.

Mettere da parte la crema in un sac à poche con bocchetta liscia e ricavare delle strisce di circa 10 cm. Battere la piastra sul tavolo per stendere l'impasto e cuocere in forno a 200ºC fino a quando i bordi saranno dorati.

TRUCCO

Aggiungi 1 cucchiaio di polvere di cocco all'impasto per creare diverse lingue di gatto.

cupcake all'arancia

INGREDIENTI

220 g di farina

200 grammi di zucchero

4 uova

1 piccola arancia

1 sul lievito chimico

Polvere di cannella

220 g di olio di semi di girasole

PROCESSI

Unire le uova con lo zucchero, la cannella e la scorza e il succo dell'arancia.

Aggiungere l'olio e mescolare. Aggiungere la farina e il lievito setacciati. Lasciate riposare questo composto per 15 minuti e versatelo negli stampini per cupcake.

Preriscaldare il forno a 200°C e cuocere per 15 minuti.

TRUCCO

Si possono incorporare all'impasto delle perle di cioccolato.

PORTAPOLI ARROSTO

INGREDIENTI

80 g burro (in 4 pezzi)

8 cucchiai di porto

4 cucchiai di zucchero

4 mele renette

PROCESSI

Togliere il torsolo alle mele. Riempire con lo zucchero e aggiungere il burro.

Cuocere per 30 minuti a 175ºC. Poi cospargete ogni mela con 2 cucchiai di porto e infornate per altri 15 minuti.

TRUCCO

Servire caldo con una pallina di gelato alla vaniglia e irrorare con il succo rilasciato.

MERINGA COTTO

INGREDIENTI

400 grammi di zucchero semolato

100 grammi di zucchero a velo

¼ litro di albume

gocce di succo di limone

PROCESSI

Montare gli albumi a bagnomaria con il succo di limone e lo zucchero fino a quando saranno ben montati. Togliere dal fuoco e continuare a sbattere (man mano che la temperatura scende la meringa si addenserà).

Aggiungete lo zucchero a velo e continuate a sbattere finché la meringa non sarà completamente fredda.

TRUCCO

Può essere utilizzato per ricoprire torte e realizzare decorazioni. Non superare la temperatura di 60 ºC affinché l'albume non si accartocci.

CREMA PASTICCIERA

INGREDIENTI

170 grammi di zucchero

1 litro di latte

1 cucchiaio di amido di mais

8 tuorli d'uovo

Scorza di 1 limone

Cannella

PROCESSI

Far bollire il latte con la scorza di limone e metà dello zucchero. Una volta raggiunta l'ebollizione, coprite e lasciate riposare fuori dal fuoco.

A parte, in una ciotola, sbattere i tuorli con il resto dello zucchero e l'amido di mais. Aggiungere un quarto del latte bollito e continuare a mescolare.

Aggiungete il composto di tuorli al resto del latte e fate cuocere senza smettere di mescolare.

Nella prima bollitura, sbattere con alcuni bastoncini per 15 secondi. Togliere dal fuoco e continuare a frullare per altri 30 secondi. Scolare e lasciare riposare al freddo. Spolverare con cannella.

TRUCCO

Per preparare creme aromatizzate - cioccolato, biscotti sbriciolati, caffè, cocco grattugiato, ecc. - è sufficiente aggiungere il gusto desiderato fuori dal fuoco e a caldo.

PANNA COTTA CON CARAMELLE VIOLA

INGREDIENTI

150 grammi di zucchero

100 g di caramelle viola

½ litro di panna

½ litro di latte

9 fogli di gelatina

PROCESSI

Inumidire i fogli di gelatina con acqua fredda.

Scaldate in un pentolino la panna, il latte, lo zucchero e il caramello finché non si scioglieranno.

Una volta spento il fuoco, aggiungete la gelatina e mescolate fino a completo scioglimento.

Versare negli stampini e riporre in frigorifero per almeno 5 ore.

TRUCCO

Questa ricetta può essere variata aggiungendo caramelle al caffè, fondente, ecc.

BISCOTTI AGLI AGRUMI

INGREDIENTI

220 g di burro morbido

170 g di farina

55 g di zucchero a velo

35 g di amido di mais

5 g di buccia d'arancia

5 g di scorza di limone

2 cucchiai di succo d'arancia

1 cucchiaio di succo di limone

1 albume d'uovo

Vaniglia

PROCESSI

Mescolare molto lentamente il burro, l'albume, il succo d'arancia, il succo di limone, la scorza di limone e un pizzico di essenza di vaniglia. Mescolare e aggiungere la farina e l'amido di mais setacciati.

Disporre l'impasto in una manica con la bocchetta arricciata e disegnare degli anelli di 7 cm su carta forno. Cuocere per 15 minuti a 175ºC.

Cospargete i biscotti con zucchero a velo.

TRUCCO

Aggiungere all'impasto i chiodi di garofano macinati e lo zenzero. Il risultato è eccellente.

PASTA DI MANGO

INGREDIENTI

550 g di farina sfusa

400 g di burro morbido

200 g di zucchero a velo

125 grammi di latte

2 uova

Vaniglia

salato

PROCESSI

Aggiungete la farina, lo zucchero, un pizzico di sale e un altro pizzico di essenza di vaniglia. Aggiungete le uova, non ancora ben fredde, una ad una. Versare il latte leggermente tiepido e aggiungere la farina setacciata.

Riponete l'impasto in una manica con la bocchetta arricciata e versatene un po' su carta forno. Cuocere per 10 minuti a 180°C.

TRUCCO

Puoi aggiungere mandorle tritate all'esterno, immergerle nel cioccolato o attaccarci sopra delle ciliegie.

TORTA ALLO YOGURT

INGREDIENTI

375 g di farina

250 g di yogurt naturale

250 grammi di zucchero

1 bustina di lievito chimico

5 uova

1 piccola arancia

1 limone

125 g di olio di semi di girasole

PROCESSI

Con la planetaria sbattere le uova e lo zucchero per 5 minuti e unirli allo yogurt, all'olio, alla scorza e al succo di limone.

Setacciare la farina e il lievito e aggiungerli agli yogurt.

Imburrare e infarinare uno stampo. Aggiungere l'impasto e cuocere per circa 35 minuti a 165 ºC.

TRUCCO

Usa lo yogurt aromatizzato per preparare diversi biscotti.

COMPOSTA DI BANANA AL ROSMARINO

INGREDIENTI

30 grammi di burro

1 rametto di rosmarino

2 banane

PROCESSI

Sbucciare e tagliare le banane.

Mettetele in una padella, coprite e fate cuocere a fuoco bassissimo insieme al burro e al rosmarino finché la banana non assomiglierà ad una composta.

TRUCCO

Questa composta serve come contorno sia alle braciole di maiale che al pan di spagna al cioccolato. Potete aggiungere 1 cucchiaio di zucchero durante la cottura per renderlo più dolce.

CREMA BRULÈ

INGREDIENTI

100 grammi di zucchero di canna

100 grammi di zucchero bianco

panna 400cl

300cl latte

6 tuorli d'uovo

1 baccello di vaniglia

PROCESSI

Aprite il baccello di vaniglia ed eliminate i baccelli.

In una ciotola sbattiamo il latte con lo zucchero bianco, i tuorli, la panna e i baccelli di vaniglia. Riempite gli stampini individuali con questo composto.

Preriscaldare il forno a 100°C e cuocere a bagnomaria per 90 minuti, una volta freddo cospargerlo di zucchero di canna e bruciarlo con un cannello (oppure preriscaldare il forno al massimo in modalità grill e cuocere fino a quando lo zucchero sarà leggermente bruciato). .

TRUCCO

Aggiungi 1 cucchiaio di cacao solubile alla panna o al latte per una deliziosa crème brûlée al cacao.

BRACCIO SVIZZERO RIPIENE DI CREMA

INGREDIENTI

250 grammi di cioccolato

125 grammi di zucchero

½ litro di panna

Torta Coccinella (vedi sezione Dolci)

PROCESSI

Prepara una torta con le coccinelle. Farcire con la panna montata e arrotolare su se stessa.

In una pentola portate a bollore lo zucchero e 125 g di acqua. Aggiungete il cioccolato, fatelo sciogliere per 3 minuti mescolando continuamente e ricoprite con esso lo Swiss Roll. Lasciare riposare prima di servire.

TRUCCO

Per gustare un dessert ancora più completo e goloso, aggiungete alla crema la frutta sciroppata tagliata a pezzetti.

UOVO PIATTO

INGREDIENTI

200 grammi di zucchero

1 litro di latte

8 uova

PROCESSI

Preparare un caramello con lo zucchero a fuoco basso e senza mescolare. Quando avrà assunto un colore tostato, toglietelo dal fuoco. Dividere in singole flanere o in qualsiasi forma.

Sbattere il latte e le uova in modo che non si formi schiuma. Se appare prima di metterlo negli stampini, toglietelo completamente.

Versarvi sopra il caramello e cuocere a bagnomaria a 165ºC per circa 45 minuti o finché un ago non lo fora e ne esce pulito.

TRUCCO

Questa stessa ricetta viene utilizzata per preparare un delizioso budino. Non vi resta che aggiungere all'impasto i croissant, i muffin, i biscotti... avanzati dal giorno prima.

GELATINA DI CAVA CON FRAGOLE

INGREDIENTI

500 grammi di zucchero

150 grammi di fragole

1 bottiglia di spumante

½ confezione di fogli di gelatina

PROCESSI

Scaldare il cava e lo zucchero in una padella. Aggiungete la gelatina precedentemente idratata in acqua fredda fuori dal fuoco.

Servire in bicchieri da martini con le fragole e conservare in frigorifero fino a quando non sarà sodo.

TRUCCO

Si può fare anche con qualsiasi vino dolce e con frutti rossi.

PANCAKES

INGREDIENTI

150 g di farina

30 grammi di burro

250 ml di latte

4 uova

1 limone

PROCESSI

Portare a bollore il latte e il burro insieme alla scorza di limone. Quando bolle, togliete la pelle ed eliminate la farina. Spegnere il fuoco e mescolare per 30 s.

Rimettete sul fuoco e mescolate per un altro minuto fino a quando l'impasto non si attaccherà alle pareti della ciotola.

Versare l'impasto in una ciotola e aggiungere le uova una alla volta (aggiungete la successiva solo quando la precedente sarà ben amalgamata all'impasto).

Cuocere i pancake in piccole porzioni utilizzando una sac-à-poche o 2 cucchiai.

TRUCCO

Può essere farcito con panna, panna, cioccolato, ecc.

SAN GENNAIO COCA

INGREDIENTI

350 g di farina

100 g di burro

40 g di pinoli

250 ml di latte

1 bustina di lievito

Scorza di 1 limone

3 uova

Zucchero

salato

PROCESSI

Setacciare la farina e il lievito. Mescola e crea un vulcano. Versare al centro la scorza, 110 g di zucchero, il burro, il latte, le uova e un pizzico di sale. Impastate bene finché l'impasto non si attaccherà più alle mani.

Stendere con il mattarello fino ad ottenere una sfoglia rettangolare e sottile. Disporre su una placca su carta da forno e lasciare macerare per 30 minuti.

Dipingi la cola con l'uovo, cospargila con pinoli e 1 cucchiaio di zucchero. Infornare a 200ºC per circa 25 minuti.

RAGÙ ALLA BOLOGNESE

INGREDIENTI

600 g di polpa di pomodoro

500 grammi di carne macinata

1 bicchiere di vino rosso

3 carote

2 gambi di sedano (facoltativo)

2 spicchi d'aglio

1 cipolla

originale

Zucchero

Olio d'oliva

Sale e pepe

PROCESSI

Tritare finemente la cipolla, l'aglio, i gambi di sedano e le carote. Fate rosolare e aggiungete la carne quando le verdure saranno morbide.

Salare, pepare e aggiungere il vino quando il colore rosato della carne sarà scomparso. Lasciare bollire per 3 minuti a fuoco alto.

Aggiungete il pomodoro schiacciato e fate cuocere a fuoco basso per 1 ora. Alla fine aggiungere sale e zucchero e aggiungere origano a piacere.

TRUCCO

La bolognese è sempre associata alla pasta, ma con il riso pilaf è molto gustosa.

BRODO BIANCO (POLLO O MANZO)

INGREDIENTI

1 kg di ossa di manzo o pollo

1dl di vino bianco

1 gambo di sedano

1 rametto di timo

2 chiodi di garofano

1 foglia di alloro

1 porro pulito

1 carota pulita

½ cipolla

15 grani di pepe nero

PROCESSI

Metti tutti gli ingredienti in una pentola. Coprire con acqua e cuocere a fuoco medio. Quando inizierà a bollire togliete la schiuma. cuocere per 4 ore.

Filtrare attraverso un cinese e spostare in un altro contenitore. Prenota velocemente in frigorifero.

TRUCCO

Salare fino al momento dell'uso, perché è più probabile che si rovini. Viene utilizzato come fondo base per la preparazione di salse, zuppe, risotti, stufati, ecc.

POMODORO CONCASSÉ

INGREDIENTI

1 chilo di pomodori

120 g di cipolle

2 spicchi d'aglio

1 rametto di rosmarino

1 rametto di timo

Zucchero

1 dl di olio d'oliva

salato

PROCESSI

Tagliare le cipolle e l'aglio a pezzetti. Friggere lentamente in padella per 10 minuti.

Tagliate i pomodori a fette e aggiungeteli nella padella insieme alle erbe aromatiche. Cuocere fino a quando i pomodori perderanno tutta la loro acqua.

Aggiustare di sale e se necessario aggiustare con lo zucchero.

TRUCCO

Si può preparare in anticipo e conservare in frigorifero in un contenitore ermetico.

SALSA DI ROBERTO

INGREDIENTI

200 g di cipollotto

100 g di burro

½ litro di brodo di carne

Vino bianco da ¼ litro

1 cucchiaio di farina

1 cucchiaio di senape

Sale e pepe

PROCESSI

Fate soffriggere nel burro l'erba cipollina tritata finemente. Aggiungere la farina e cuocere lentamente per 5 minuti.

Alzare la fiamma, aggiungere il vino e farlo ridurre della metà, mescolando continuamente.

Aggiungere il brodo e cuocere per altri 5 minuti. Una volta spento il fuoco, aggiungere la senape e condire con sale e pepe.

TRUCCO

Ideale con carne di maiale.

SALSA ROSA

INGREDIENTI

250 g di salsa maionese (vedi sezione Brodo e Salse)

2 cucchiai di ketchup

2 cucchiai di grappa

Succo di ½ arancia

Tabasco

Sale e pepe

PROCESSI

Mescolare maionese, ketchup, cognac, succo, un pizzico di tabasco, sale e pepe. Sbattere bene fino ad ottenere una salsa liscia.

TRUCCO

Per rendere la salsa più cremosa aggiungete ½ cucchiaio di senape e 2 cucchiai di panna montata.

ZUPPA DI PESCE

INGREDIENTI

500 g di lische o teste di pesce bianco

1dl di vino bianco

1 rametto di prezzemolo

1 porro

½ cipolla piccola

5 grani di pepe

PROCESSI

Mettete tutti gli ingredienti in una padella e coprite con 1 litro di acqua fredda. Cuocere a fuoco medio per 20 minuti senza smettere di schiumare.

Filtrare, trasferire in un altro contenitore e conservare velocemente in frigorifero.

TRUCCO

Salare fino al momento dell'uso, perché è più probabile che si rovini. È la base di salse, risotti, zuppe, ecc.

SALSA TEDESCA

INGREDIENTI

35 g di burro

35 g di farina

2 tuorli d'uovo

½ litro di brodo (pesce, carne, pollame, ecc.)

salato

PROCESSI

Soffriggere la farina nel burro a fuoco basso per 5 minuti, aggiungere subito il brodo e cuocere per altri 15 minuti a fuoco medio senza smettere di mescolare. Condire con sale.

Togliere dal fuoco e, senza smettere di sbattere, aggiungere i tuorli d'uovo.

TRUCCO

Non surriscaldare in modo che i tuorli non si accartocciano.

SALSA CORAGGIOSA

INGREDIENTI

750 g di pomodoro fritto

1 bicchiere piccolo di vino bianco

3 cucchiai di aceto

10 mandorle crude

10 peperoni

5 fette di pane

3 spicchi d'aglio

1 cipolla

Zucchero

Olio d'oliva

salato

PROCESSI

Fate soffriggere l'aglio intero in una padella. Ritiro e prenotazione. Friggere le mandorle nello stesso olio. Ritiro e prenotazione. Cuocere il pane nella stessa padella. Ritiro e prenotazione.

Nello stesso olio fate soffriggere la cipolla tagliata a julienne insieme ai peperoncini. Quando bolle aggiungere l'aceto e il bicchiere di vino. Lasciare bollire per 3 minuti a fuoco alto.

Aggiungere il pomodoro, l'aglio, le mandorle e il pane. Far bollire per 5 minuti, mescolare e aggiungere sale e zucchero se necessario.

TRUCCO

Può essere congelato in vaschette individuali per cubetti di ghiaccio e utilizzare solo la quantità necessaria.

BRODO PURO (POLLO O MANZO)

INGREDIENTI

5 kg di ossa di manzo o pollo

500 grammi di pomodori

250 g di carote

250 g di porro

125 g di cipolle

Vino rosso da ½ litro

5 litri di acqua fredda

1 ramo pio

3 foglie di alloro

2 rametti di timo

2 rametti di rosmarino

15 grani di pepe

PROCESSI

Cuocere le ossa a 185ºC fino a quando saranno leggermente arrostite. Aggiungere nella stessa padella le verdure pulite e di media grandezza. Rosolare le verdure.

Metti le ossa e le verdure in una pentola capiente. Aggiungete il vino e le erbe aromatiche e aggiungete l'acqua. Cuocere per 6 ore a fuoco basso, schiumando di tanto in tanto. Scolare e lasciare raffreddare.

TRUCCO

È la base di numerose salse, stufati, risotti, zuppe, ecc. Una volta che il brodo è freddo, il grasso rimane rappreso sopra. È più facile rimuoverlo in questo modo.

MOJO PICÓN

INGREDIENTI

8 cucchiai di aceto

2 cucchiaini di chicchi di cumino

2 cucchiaini di paprika dolce

2 teste d'aglio

3 peperoni di cayenna

30 cucchiai di olio

sale grosso

PROCESSI

Pestate tutti gli ingredienti solidi, tranne la paprika, in un mortaio fino ad ottenere una pasta.

Aggiungete il pepe e continuate a frullare. Aggiungere poco a poco il liquido fino ad ottenere una salsa omogenea ed emulsionata.

TRUCCO

Ideale con le famose patate rugose e anche con il pesce alla griglia.

PESTO ALLA GENOVESE

INGREDIENTI

100 grammi di pinoli

100 grammi di parmigiano

1 mazzetto di basilico fresco

1 spicchio d'aglio

olio d'oliva delicato

PROCESSI

Amalgamare tutti gli ingredienti senza renderlo molto omogeneo per notare la croccantezza dei pinoli.

TRUCCO

Potete sostituire i pinoli con le noci e il basilico con la rucola fresca. Originariamente era realizzato con malta.

SALSA AGRODOLCE

INGREDIENTI

100 grammi di zucchero

100 ml di aceto

50 ml di salsa di soia

Scorza di 1 limone

Scorza di 1 arancia

PROCESSI

Far bollire per 10 minuti lo zucchero, l'aceto, la salsa di soia e la scorza di limone e lasciare raffreddare prima dell'uso.

TRUCCO

È il compagno perfetto per gli involtini primavera.

MOJITO VERDE

INGREDIENTI

8 cucchiai di aceto

2 cucchiaini di chicchi di cumino

4 grani di pepe verde

2 teste d'aglio

1 mazzetto di prezzemolo o coriandolo

30 cucchiai di olio

sale grosso

PROCESSI

Frullare tutti i solidi fino a ottenere una pasta.

Aggiungere poco a poco il liquido fino ad ottenere una salsa omogenea ed emulsionata.

TRUCCO

Si manterrà senza problemi, coperta con pellicola trasparente, in frigorifero per qualche giorno.

SALSA AL SAMELO AI FRUTTI DI BACCHE

INGREDIENTI

85 grammi di burro

85 g di farina

1 litro di latte

Noce moscata

Sale e pepe

PROCESSI

Sciogliere il burro in un pentolino, aggiungere la farina e cuocere a fuoco basso per 10 minuti, mescolando continuamente.

Aggiungete subito il latte e fate cuocere per altri 20 minuti. Continua a mescolare. Condire con sale, pepe e noce moscata.

TRUCCO

Per evitare la formazione di grumi, fate cuocere la farina con il burro a fuoco basso e continuate a frullare fino a quando il composto sarà quasi liquido.

SALSA DEL CACCIATORE

INGREDIENTI

200 grammi di funghi

200 g di salsa di pomodoro

125 grammi di burro

½ litro di brodo di carne

Vino bianco da ¼ litro

1 cucchiaio di farina

1 cipollotto

Sale e pepe

PROCESSI

Soffriggere il cipollotto tritato finemente nel burro a fuoco medio per 5 minuti.

Aggiungete i funghi puliti e tagliati in quarti e alzate la fiamma al massimo. Cuocete per altri 5 minuti finché non perderanno acqua. Aggiungere la farina e cuocere per altri 5 minuti senza smettere di mescolare.

Aggiungete il vino e lasciate evaporare. Aggiungere la passata di pomodoro e il brodo di carne. Cuocere per altri 5 minuti.

TRUCCO

Conservare in frigorifero e spalmare sopra un sottile strato di burro in modo che non si formi una crosticina in superficie.

SALSA AIOLI

INGREDIENTI

6 spicchi d'aglio

Aceto

½ litro di olio d'oliva leggero

salato

PROCESSI

Pestate l'aglio con il sale in un mortaio fino a formare una pasta.

Aggiungere gradualmente l'olio, mescolando continuamente con il pestello, fino ad ottenere una salsa densa. Aggiungi un pizzico di aceto alla salsa.

TRUCCO

Se si aggiunge 1 tuorlo d'uovo durante la purea d'aglio, la salsa sarà più facile da preparare.

SALSA AMERICANA

INGREDIENTI

150 g di gamberi

250 g di scampi e gusci e teste di gamberi

250 g di pomodori maturi

250 grammi di cipolla

100 g di burro

50 g di carote

50 g di porro

Mezzo litro di brodo di pesce

1dl di vino bianco

½ dl di grappa

1 cucchiaio di farina

1 cucchiaino raso di paprika piccante

1 rametto di timo

salato

PROCESSI

Friggere le verdure, tranne i pomodori, tagliati a pezzetti nel burro. Quindi friggere il pepe e la farina.

Friggere i granchi e le teste del resto dei crostacei e flambare con il cognac. Conserva le code di granchio e macina le carcasse con la striscia. Filtrare 2 o 3 volte fino a quando non rimangono più resti di intestino.

Aggiungere alle verdure il brodo, il vino, i pomodori tagliati in quarti e il timo. Far bollire per 40 minuti, macinare e condire con sale.

TRUCCO

Salsa perfetta per peperoni ripieni, rana pescatrice o sformato di pesce.

AURORA "SALSA".

INGREDIENTI

45 grammi di burro

½ l di vellutata (vedi capitolo Brodo e Salse)

3 cucchiai di salsa di pomodoro

PROCESSI

Portare a bollore la zuppa, aggiungere i cucchiai di pomodoro e mantecare con una frusta.

Togliere dal fuoco, aggiungere il burro e mescolare fino ad ottenere un composto ben amalgamato.

TRUCCO

Utilizzare questa salsa con le uova ripiene.

SALSA BARBECUE

INGREDIENTI

1 lattina di coca cola

1 tazza di salsa di pomodoro

1 tazza di ketchup

½ tazza di aceto

1 cucchiaino di origano

1 cucchiaino di timo

1 cucchiaino di cumino

1 spicchio d'aglio

1 pepe di cayenna tritato finemente

½ cipolla

Olio d'oliva

Sale e pepe

PROCESSI

Tagliate la cipolla e l'aglio a pezzetti e fateli soffriggere in poco olio. Quando sarà morbido aggiungere il pomodoro, il ketchup e l'aceto.

Far bollire per 3 minuti. Aggiungere il pepe di cayenna e le spezie. Mescolare, versare la Coca-Cola e cuocere fino a quando rimane una consistenza densa.

TRUCCO

È una salsa perfetta per le ali di pollo. Può essere congelato in vaschette individuali per cubetti di ghiaccio e utilizzare solo la quantità necessaria.

SALSA BERNERA

INGREDIENTI

250 g di burro chiarificato

1 dl di aceto di dragoncello

1dl di vino bianco

3 tuorli d'uovo

1 scalogno (o ½ cipollotto piccolo)

Drago

Sale e pepe

PROCESSI

Scaldare in una casseruola lo scalogno tagliato a pezzetti insieme all'aceto e al vino. Lascia bollire finché non avrai circa 1 cucchiaio.

Sbattere i tuorli d'uovo conditi a bagnomaria. Aggiungere la riduzione di vino e aceto più 2 cucchiai di acqua fredda fino al raddoppio del volume.

Aggiungete poco a poco il burro fuso ai tuorli senza smettere di sbattere. Aggiungere un po' di dragoncello tritato e conservare a bagnomaria ad una temperatura massima di 50 ºC.

TRUCCO

È importante conservare questa salsa a bagnomaria a fuoco basso in modo che non si tagli.

SALSA ALLA CARBONARA

INGREDIENTI

200 grammi di pancetta

200 g di panna

150 g di parmigiano

1 cipolla media

3 tuorli d'uovo

Sale e pepe

PROCESSI

Friggere la cipolla tagliata a cubetti. Quando sarà rosolato, aggiungete la pancetta tagliata a listarelle e lasciatela dorare sul fuoco.

Versate poi la panna, aggiustate di sale e pepe e lasciate cuocere a fuoco lento per 20 minuti.

Una volta spento il fuoco aggiungete il formaggio grattugiato, i tuorli e mescolate.

TRUCCO

Se lo lasciate per un'altra occasione, quando sarà tiepido, fatelo a fuoco basso e non troppo lungo per evitare che l'uovo si rapprenda.

SALSA DELIZIOSA

INGREDIENTI

200 g di cipollotto

100 g di sottaceti

100 g di burro

½ litro di brodo di carne

Vino bianco da 125 cl

Aceto 125cl

1 cucchiaio di senape

1 cucchiaio di farina

Sale e pepe

PROCESSI

Fate soffriggere l'erba cipollina tritata finemente nel burro. Aggiungere la farina e cuocere lentamente per 5 minuti.

Alzare la fiamma e aggiungere il vino e l'aceto e far ridurre della metà, mescolando continuamente.

Aggiungere il brodo, i sottaceti tagliati a julienne e cuocere per altri 5 minuti. Togliere dal fuoco e aggiungere la senape. Stagione.

TRUCCO

Questa salsa è ideale per le carni grasse.

SALSA CUMBERLAND

INGREDIENTI

150 g di marmellata di frutti di bosco

Porto da ½ dl

1 bicchiere di brodo di carne scuro (vedi capitolo Brodi e Salse)

1 cucchiaino di zenzero in polvere

1 cucchiaio di senape

1 scalogno

½ buccia d'arancia

½ buccia di limone

Succo di ½ arancia

Succo di ½ limone

Sale e pepe

PROCESSI

Tagliare la scorza di arancia e di limone a julienne sottile. Far bollire dall'acqua fredda e far bollire per 10 s. Ripetere l'operazione 2 volte. Scolare e rinfrescare.

Tritare finemente lo scalogno e farlo rosolare per 1 minuto, mescolando continuamente, con la marmellata di ribes, il porto, il brodo, la scorza e il succo di limone, la senape, lo zenzero, sale e pepe. Lasciate raffreddare.

TRUCCO

È una salsa perfetta con paté o piatti di selvaggina.

SALSA CURRY

INGREDIENTI

200 grammi di cipolla

2 cucchiai di farina

2 cucchiai di curry

3 spicchi d'aglio

2 pomodori grandi

1 rametto di timo

1 foglia di alloro

1 bottiglia di latte di cocco

1 mela

1 banana

Olio d'oliva

salato

PROCESSI

Fate soffriggere nell'olio la cipolla e l'aglio tritati. Aggiungete il curry e lasciate cuocere per 3 minuti. Aggiungete la farina e fate soffriggere per altri 5 minuti, mescolando continuamente.

Aggiungere i pomodorini tagliati in quarti, le erbe aromatiche e il latte di cocco. Cuocere per 30 minuti a fuoco basso. Aggiungete la mela e la banana sbucciate e tagliate a pezzetti e fate rosolare per altri 5 minuti. Tritare, filtrare e rettificare il sale.

TRUCCO

Per ridurre il contenuto calorico di questa salsa, dimezza il latte di cocco e sostituiscilo con brodo di pollo.

SALSA ALL'AGLIO

INGREDIENTI

250 ml di panna montata

10 spicchi d'aglio

Sale e pepe

PROCESSI

Sbollentare l'aglio 3 volte in acqua fredda. Portare a ebollizione, scolare e rimettere a bollire dall'acqua fredda. Ripeti questa azione 3 volte.

Una volta scottate, cuocerle insieme alla panna per 25 minuti. Infine condire e mescolare.

TRUCCO

Non tutte le creme sono uguali. Se risultasse troppo densa aggiungete un po' di panna e fate cuocere per altri 5 minuti. Se invece risulta molto liquido, fate cuocere più a lungo. È perfetto per la pesca.

SALSA DI MORE

INGREDIENTI

200 g di more

25 grammi di zucchero

250 ml di salsa spagnola (vedi sezione Brodo e Salse)

100 ml di vino dolce

2 cucchiai di aceto

1 cucchiaio di burro

Sale e pepe

PROCESSI

Preparare un caramello con lo zucchero a fuoco basso. Aggiungere l'aceto, il vino, le more e cuocere per 15 minuti.

Aggiungere la salsa spagnola. Salare, pepare, ridurre in purea, filtrare e portare a ebollizione con il burro.

TRUCCO

È una salsa perfetta per la carne di selvaggina.

SALSA DI SIDRO

INGREDIENTI

250 ml di panna montata

1 bottiglia di sidro

1 zucchina

1 carota

1 porro

salato

PROCESSI

Tagliate le verdure a bastoncini e fatele soffriggere per 3 minuti a fuoco vivace. Versare il sidro e lasciarlo ridurre per 5 minuti.

Aggiungete la panna, salate e fate cuocere per altri 15 minuti.

TRUCCO

Perfetto accompagnamento con un lombo di orata alla griglia o una fetta di salmone.

KETCHUP

INGREDIENTI

1,5 kg di pomodori maturi

250 grammi di cipolla

1 bicchiere di vino bianco

1 osso di prosciutto

2 spicchi d'aglio

1 carota grande

Timo fresco

rosmarino fresco

Zucchero (facoltativo)

salato

PROCESSI

Tagliare la cipolla, l'aglio e la carota a julienne e farli soffriggere a fuoco medio. Quando le verdure saranno morbide, aggiungere l'osso e bagnare con il vino. Accendere il fuoco.

Aggiungete i pomodorini tagliati in quarti e le erbe aromatiche. Cuocere 30 minuti.

Rimuovere l'osso e le erbe. Macinare, filtrare e aggiustare di sale e zucchero se necessario.

TRUCCO

Congelare in vaschette individuali per cubetti di ghiaccio per avere sempre a portata di mano una deliziosa salsa di pomodoro fatta in casa.

SALSA AL VINO PEDRO XIMENEZ

INGREDIENTI

35 g di burro

250 ml di salsa spagnola (vedi sezione Brodo e Salse)

75 ml di vino Pedro Ximenez

Sale e pepe

PROCESSI

Scaldare il vino a fuoco medio per 5 minuti. Aggiungere la salsa spagnola e cuocere per altri 5 minuti.

Per addensare e lucidare, aggiungete fuori dal fuoco il burro freddo tagliato a dadini continuando a montare. Stagione.

TRUCCO

Può essere preparato con qualsiasi vino dolce, come il porto.

SALSA DI CREMA

INGREDIENTI

½ l di besciamella (vedi sezione Brodo e Salse)

panna da 200 cl

Succo di ½ limone

PROCESSI

Lessare la besciamella e aggiungere la panna. Cuocere fino ad ottenere circa 400 cl di salsa.

Una volta spento il fuoco aggiungete il succo di limone.

TRUCCO

Ideale per gratinare, condire pesce e uova ripiene.

SALSA MAIONESE

INGREDIENTI

2 uova

Succo di ½ limone

½ litro di olio d'oliva leggero

Sale e pepe

PROCESSI

Mettete le uova e il succo di limone nel bicchiere del frullatore.

Sbattere con il frullatore 5, aggiungere l'olio a filo continuando a sbattere. Condire con sale e pepe.

TRUCCO

Aggiungi 1 cucchiaio di acqua tiepida nel bicchiere del frullatore, insieme al resto degli ingredienti, per evitare tagli durante la macinazione.

SALSA YOGURT E ANETO

INGREDIENTI

20 g di cipolla

75 ml di salsa maionese (vedi sezione Brodo e Salse)

1 cucchiaio di miele

2 yogurt

Aneto

salato

PROCESSI

Mescolare tutti gli ingredienti, tranne l'aneto, fino ad ottenere una salsa liscia.

Tritare finemente l'aneto e aggiungerlo alla salsa. Togliere e correggere il sale.

TRUCCO

È perfetto con patate arrosto o agnello.

SALSA DEL DIAVOLO

INGREDIENTI

100 g di burro

½ litro di brodo di carne

3 dl di vino bianco

1 cipollotto

2 peperoni

salato

PROCESSI

Tagliare il cipollotto a pezzetti e friggerlo fino a dorarlo ad alta temperatura. Aggiungete il peperoncino, bagnate con il vino e fatelo ridurre della metà.

Versare il brodo, cuocere per altri 5 minuti e condire con sale ed erbe aromatiche.

Fuori dal fuoco aggiungete il burro ben freddo e mescolate con una frusta fino ad ottenere un composto denso e lucido.

TRUCCO

Questa salsa può essere preparata anche con vino dolce. Il risultato è eccellente.

SALSA SPAGNOLA

INGREDIENTI

30 grammi di burro

30 g di farina

1 litro di brodo di manzo (ridotto)

Sale e pepe

PROCESSI

Friggere la farina nel burro fino a quando sarà leggermente tostata.

Aggiungere il brodo bollente continuando a mescolare. Cuocere per 5 minuti e condire con sale e pepe.

TRUCCO

Questa salsa è alla base di tantissime ricette. È quella che in cucina viene chiamata salsa base.

SALSA OLANDESE

INGREDIENTI

250 grammi di burro

3 tuorli d'uovo

Succo di ¼ di limone

Sale e pepe

PROCESSI

Sciogliere il burro.

Sbattere i tuorli a bagnomaria con un po' di sale, pepe e succo di limone più 2 cucchiai di acqua fredda fino al raddoppio del volume.

Aggiungere gradualmente il burro fuso ai tuorli continuando a sbattere. Conservare a bagnomaria ad una temperatura massima di 50 ºC.

TRUCCO

Questa salsa è spettacolare con piccole patate arrosto condite con salmone affumicato.

CONDIZIONE ITALIANA

INGREDIENTI

125 g di salsa di pomodoro

100 grammi di funghi

50 g di prosciutto di York

50 g di cipollotto

45 grammi di burro

125 ml di salsa spagnola (vedi sezione Brodo e Salse)

90 ml di vino bianco

1 rametto di timo

1 rametto di rosmarino

Sale e pepe

PROCESSI

Tritate finemente il cipollotto e fatelo soffriggere nel burro. Quando sarà morbido, alzate la fiamma e aggiungete i funghi affettati e puliti. Aggiungere il prosciutto a dadini.

Aggiungete il vino e le erbe aromatiche e lasciate ridurre completamente.

Aggiungere la salsa spagnola e la salsa di pomodoro. Cuocere per 10 minuti e condire con sale e pepe.

TRUCCO

Perfetto per pasta e uova sode.

SALSA MOUSSELINE

INGREDIENTI

250 grammi di burro

85 ml di panna montata

3 tuorli d'uovo

Succo di ¼ di limone

Sale e pepe

PROCESSI

Sciogliere il burro.

Sbattere i tuorli d'uovo a bagnomaria con un po' di sale, pepe e succo di limone. Aggiungere 2 cucchiai di acqua fredda finché non raddoppia di volume. Aggiungere gradualmente il burro ai tuorli senza smettere di sbattere.

Poco prima di servire, montate la panna e aggiungetela al composto precedente con movimenti delicati e avvolgenti.

TRUCCO

Conservare a bagnomaria ad una temperatura massima di 50 ºC. È perfetto per grigliare salmone, cannolicchi, asparagi, ecc.

SALSA REMOULADE

INGREDIENTI

250 g di salsa maionese (vedi sezione Brodo e Salse)

50 g di sottaceti

50 g di capperi

10 g di acciughe

1 cucchiaino di prezzemolo fresco tritato

PROCESSI

Pestate le acciughe nel mortaio fino ad ottenere una purea. Tagliate i capperi ed i cetriolini a pezzetti molto piccoli. Aggiungere il resto degli ingredienti e mescolare.

TRUCCO

Ideale per uova alla diavola.

SALSA BIZCAINA

INGREDIENTI

500 g di cipolle

400 g di pomodori freschi

25 grammi di pane

3 spicchi d'aglio

4 peperoni chorizo o ñoras

Zucchero (facoltativo)

Olio d'oliva

salato

PROCESSI

Mettere a bagno le ñoras per eliminare la polpa.

Tagliare la cipolla e l'aglio a julienne e friggerli a fuoco medio in una padella coperta per 25 minuti fino a doratura.

Aggiungete il pane ed i pomodorini a dadini e fate cuocere per altri 10 minuti. Aggiungere la carne deñoras e cuocere per altri 10 minuti.

Tritare e regolare di sale e zucchero se necessario.

TRUCCO

Anche se non comune, è un ottimo sugo da preparare con gli spaghetti.

SALSA D'INCHIOSTRO

INGREDIENTI

2 spicchi d'aglio

1 pomodoro grande

1 cipolla piccola

½ peperoncino rosso piccolo

½ peperone verde piccolo

2 buste di nero di seppia

vino bianco

Olio d'oliva

salato

PROCESSI

Tagliate le verdure a pezzetti e fatele soffriggere lentamente per 30 minuti.

Aggiungete il pomodoro grattugiato e fate cuocere a fuoco medio finché non perderà l'acqua. Alzare la fiamma e aggiungere le bustine di inchiostro e una spruzzata di vino. Lasciamo ridurre della metà.

Frullare, filtrare e aggiustare di sale.

TRUCCO

Se aggiungete un po' più di inchiostro dopo la macinatura, la salsa diventerà più chiara.

SALSA DEL MATTINO

INGREDIENTI

75 g di parmigiano

75 grammi di burro

75 g di farina

1 litro di latte

2 tuorli d'uovo

Noce moscata

Sale e pepe

PROCESSI

Sciogliere il burro in una padella. Aggiungete la farina e fate cuocere a fuoco basso per 10 minuti, mescolando continuamente.

Versare subito il latte e cuocere per altri 20 minuti, mescolando continuamente.

Fuori dal fuoco aggiungete i tuorli e il formaggio e continuate a mescolare. Condire con sale, pepe e noce moscata.

TRUCCO

È una salsa gratinata perfetta. È possibile utilizzare qualsiasi tipo di formaggio.

SALSA ROMESCA

INGREDIENTI

100 grammi di aceto

80 g di mandorle tostate

½ cucchiaino di paprika dolce

2 o 3 pomodori maturi

2 anni

1 piccola fetta di pane tostato

1 testa d'aglio

1 peperoncino

250 g di olio extra vergine di oliva

salato

PROCESSI

Idratare le ñoras in acqua calda per 30 minuti. Rimuovere la polpa e riservare.

Preriscaldare il forno a 200 ºC e arrostire i pomodori e lo spicchio d'aglio (i pomodori per circa 15-20 minuti e l'aglio un po' meno).

Una volta arrostiti, pulite i pomodori dalla buccia e dai semi ed eliminate l'aglio uno per uno. Mettete nel bicchiere del frullatore il pane tostato, la carne di ñoras, l'olio e l'aceto insieme alle mandorle. Batti bene.

Aggiungere poi la paprika dolce e un pizzico di peperoncino. Sbattere ancora e aggiustare di sale.

TRUCCO

Non macinare la salsa troppo finemente.

SALSA SOUBISE

INGREDIENTI

100 g di burro

85 g di farina

1 litro di latte

1 cipolla

Noce moscata

Sale e pepe

PROCESSI

Sciogliere il burro in una padella e far soffriggere lentamente la cipolla tagliata sottile per 25 minuti, aggiungere la farina e cuocere per altri 10 minuti mescolando continuamente.

Versare subito il latte e cuocere per altri 20 minuti a fuoco basso, mescolando continuamente. Condire con sale, pepe e noce moscata.

TRUCCO

Può essere servito così com'è o frullato. E' perfetto per i cannelloni.

SALSA TARTARA

INGREDIENTI

250 g di salsa maionese (vedi sezione Brodo e Salse)

20 g di erba cipollina

1 cucchiaio di capperi

1 cucchiaio di prezzemolo fresco

1 cucchiaio di senape

1 cetriolo sottaceto

1 uovo sodo

salato

PROCESSI

Tritare finemente il cipollotto, i capperi, il prezzemolo, il cetriolino e l'uovo sodo.

Mescolare il tutto e aggiungere maionese e senape. Aggiungi un pizzico di sale.

TRUCCO

È l'accompagnamento ideale per piatti a base di pesce e carne.

SALSA AL CARAMELLATO

INGREDIENTI

150 grammi di zucchero

70 g di burro

300 ml di panna

PROCESSI

Preparare un caramello con il burro e lo zucchero, senza mai mescolare.

Quando il caramello sarà pronto, togliete dal fuoco e aggiungete la panna. Cuocere per 2 minuti a fuoco alto.

TRUCCO

Potete aromatizzare la caramella mou aggiungendo 1 rametto di rosmarino.

POTTAGE

INGREDIENTI

250 g di carote

250 g di porro

250 g di pomodori

150 grammi di cipolla

150 g di rapa

100 g di sedano

salato

PROCESSI

Lavate bene le verdure e tagliatele a pezzi regolari. Mettere in una casseruola e coprire con acqua fredda.

Cuocere a fuoco basso per 2 ore. Filtrare e aggiungere il sale.

TRUCCO

Le verdure utilizzate possono essere utilizzate per realizzare un'ottima crema. Cuocere sempre senza coperchio in modo che i sapori possano concentrarsi meglio man mano che l'acqua evapora.

www.ingramcontent.com/pod-product-compliance
Lightning Source LLC
Chambersburg PA
CBHW050159130526
44591CB00034B/1388